摩訶毗盧遮那佛

金剛界曼荼羅

胎藏界曼荼羅

日本佛教真言宗高野山派金剛峰寺中院流第五十四世傳法大阿闍梨
中國佛教真言宗五智山光明王寺光明流第一代傳燈大阿闍梨

悟光上師法相

密教史

悟光大阿闍梨略傳

悟光上師又號全妙大師，俗姓鄭，台灣省高雄縣人，生於一九一八年十二月五日。生有異稟：臍帶纏頂如懸念珠；降誕不久即能促膝盤坐若入定狀，其與佛有緣，實慧根夙備者也。

師生於虔敬信仰之家庭。幼學時即聰慧過人，並精於美術工藝。及長，因學宮廟建築設計，繼而鑽研丹道經籍，飽覽道書經典數百卷；又習道家煉丹辟穀、養生靜坐之功。其後，遍歷各地，訪師問道，隨船遠至內地、南洋諸邦，行腳所次，雖習得仙宗秘術，然深覺不足以普化濟世，遂由道皈入佛門。

師初於一九五三年二月，剃度皈依，改習禪學，師力慕高遠，志切宏博，雖閱藏數載，遍訪禪師，尤以為未足。

其後專習藏密，閉關修持於大智山(高雄縣六龜鄉)，持咒精進不已，澈悟金剛密教真言，感應良多，嘗感悟得飛蝶應集，瀰空蔽日。深體世事擾攘不安，災禍迭增無已，密教普化救世之時機將屆，遂發心廣宏佛法，以救度眾生。

師於閉關靜閱大正藏密教部之時，知有絕傳於中國(指唐武宗之滅佛)之真言宗，已流佈日本達千餘年，外人多不得傳。（因日人將之視若國寶珍秘，自詡歷來遭逢多次兵禍劫難，仍得屹立富強於世，端賴此法，故絕不輕傳外人）。期間台灣頗多高士欲赴日習法，國外亦有慕道趨求者，皆不得其門或未獲其奧而中輟。師愧感國人未能得道傳法利國福民，而使此久已垂絕之珍秘密法流落異域，殊覺歎惋，故發心親往日本求法，欲得其傳承血脈而歸，遂於一九七一年六月東渡扶桑，逕往真言宗總本山—高野山金剛峰寺。

此山自古即為女禁之地，直至明治維新時始行解禁，然該宗在日本尚屬貴族佛教，非該寺師傳弟子，概不經傳。故師上山求法多次，悉被拒於門外，然師誓願堅定，不得傳承，決不卻步，在此期間，備嘗艱苦，依然修持不輟，時現其琉璃身，受該寺目黑大師之讚賞，並由其協助，始得入寺作旁聽生，因師植基深厚，未幾即准為正式弟子，入於本山門主中院流五十三世傳法宣雄和尚門下。學法期間，修習極其嚴厲，嘗於零下二十度之酷寒，一日修持達十八小時之久。不出一年，修畢一切儀軌，得授「傳法大阿闍梨灌頂」，遂為五十四世傳法人。綜計歷世以來，得此灌頂之外國僧人者，唯師一人矣。

師於一九七二年回台後，遂廣弘佛法，於台南、高雄等地設立道場，傳法佈教，頗收勸善濟世，教化人心之功效。師初習丹道養生，繼修佛門大乘禪密與金剛藏密，今又融入真言東密精髓，益見其佛養之深奧，獨幟一方。一九七八年，因師弘法有功，由大本山金剛峰寺之薦，經日本國家宗教議員大會決議通過，加贈「大僧都」一職，時於台南市舉行布達式，參與人士有各界地方首長，教界耆老，弟子等百餘人，儀式莊嚴崇隆，大眾傳播均相報導。又於一九八三年，再加贈「小僧正」，並賜披紫色衣。

師之為人平易近人，端方可敬，弘法救度，不遺餘力，教法大有興盛之勢。為千秋萬世億兆同胞之福祉，暨匡正世道人心免於危亡之劫難，於高雄縣內門鄉永興村興建真言宗大本山根本道場，作為弘法基地及觀光聖地。師於開山期間，為弘法利生亦奔走各地，先後又於台北、香港二地分別設立了「光明王寺台北分院」、「光明王寺香港分院」。師自東瀛得法以來，重興密法、創設道場、設立規矩、著書立說、教育弟子等無不兼備。

師之承法直系真言宗中院流五十四世傳法。著有《上帝的選舉》、《禪的講話》等廿多部作品行世。佛教真言宗失傳於中國一千餘年後，大法重返吾國，此功此德，師之力也。

目錄

（二）金善兩三藏開拓

【一】印度的密教

（一）序說

一．秘密佛教的意義

所謂密教或秘密佛教，是由弘法大師傳到日本的真言密教。真言密教所說的各種內容，不一定是完全都相同的，但真言密教或真言宗，如其名稱所示，或如大師（弘法）之《般若心經秘鍵》裏所說：「真言不思議，觀誦無明除，一字含千理，即身證法如」，是認定真言陀羅尼有神秘力，而其一字一句，皆含藏有百千義趣，同時由於念誦或觀修，當然能够達到攘災招福等世間的目的，而且於「即凡夫之身」即可迅速成佛的。

二．問題的所在

那末，真言密教是甚麼時候，經過怎樣的過程，而興起於印度的呢？又，它（密教）是經過怎樣的情形傳來中國、日本？而後來的發展和變遷，又是怎麼樣的呢？研究這些項目，乃是秘密佛教史（密教史）的目的。

三·問題研究的二方面

當研究本問題時，須先探究：秘密佛教的骨目真言陀羅尼是怎樣興起？怎樣發達？怎樣達至大日如來的秘藏和佛教的真髓？探知這些問題，是終於能從內面（內函）來了知秘密佛教的思想史的。又，這個秘密佛教，是誰怎樣來組織？經由怎樣的情形而傳播於什麼地方？知道這些問題，即是從外面來窺知這秘密佛教的教勢史的。在於沒有歷史的國家──印度，除了此思想史為背景來設想其教勢發達的情形，其他是沒有辦法的，而如此場合，卻非常之多。

四·秘密佛教和吠陀文學

今，以此思想史為背景來考究印度密教的淵源時，即可溯源於佛出世一千多年前已成立之《梨俱吠陀(Rigveda)》的真言。至少，可以說：吠陀文學對於秘密佛教，即：真言密教的成立，是提供了有不少的素材（材料）的。我『（編按：「我」指原著者栂尾祥雲，後同）』「想」：由讀誦真言(mantra)，以祈攘災招福，是初自梨俱(Rig)、莎磨(Sama)、夜柔(Yajur)三吠陀和《阿闥婆吠陀》(Atharva-veda)中已有的。

例如把真言視為是神聖的「哲學思想」，即以「聲常住論」為基礎所組織的弭曼薩派(Mimansaka)，是於釋尊當時或離釋尊不遠的時代已成立的。後來這一派的思想，逐漸一般化，不單為特權階級婆羅門族所有，連四姓各階級都能誦持、祈願，如其大史詩《摩訶婆羅多》(Mahab-harata)中所示，已有一千八名咒，以拜濕婆(Civa)或毘紐(Visnu)神。被此普及於民間的吠陀宗教所載，於佛教中，也漸行持有真言密法，於是才發生了秘密佛教（密教）。

五．秘密佛教的搖籃時代和獨立時代

秘密佛教的發生當初，只是一種萌芽的狀態，絕不是像後代完成的獨立體系的。在佛教中發萌芽的真言密法，最初是僅為守護佛教徒，消除災障所用。但至後來，教法漸有勢力，在統一身心的瑜伽觀行上亦被應用，之這樣經過數百年的搖藍時代，遂以它（真言密法）為佛教真髓，綜合了佛教的一切思想，終於形成了獨立的體系。

六．雜部密教和正純密教

在這秘密佛教的搖籃時代，與佛教經典中所說的根本義無直接關係，只為守護、消災等所雜說的片斷和寄生的密教，古來把它叫做「雜部密教」。反而，以真言密法為中心而組織體系，完全獨立而大成為「秘密佛教」的，叫做「正純密教」。

七．正純密教的興亡

完成了獨立體系的「正純密教」，是於第七世紀成立的，而它的繁榮地帶，主要是在西印度至南印度的地方。不過從它的內容看，第八世紀的前半，可說是它的黃金時代。至於其正純密教漸分化，則漸帶有左道密教的傾向，而得到波羅王朝(Pāla Dynasty)的庇護（擁護）而繁榮於中印度地方，但那是已失去了正純的密教精神，而墮於邪道的。到了第十三世紀初，其邪道化的密教，也被回教所滅，竟在印度國土上，完全絕滅了密教的痕跡。

八．正純密教的傳播

在波羅王朝保護下所繁榮的以毘玖羅摩斯羅(Vikramacila)大學為中心的密教，乃是傳過尼泊爾(Nepal)和西藏的密教。所以，西藏的密教，自然會帶有「左道密教」的風格。反而，尚未混入不純分子的第八世紀初期，善無畏、金剛智、不空等三藏法師，乃將靈活新鮮的「正純密教」傳來中國，於是開了清淨的美花。而於第九世紀初，由弘法大師空海和尚，把這移植於日本，爾來有一千一百多年，一直到今天，唯在日本持續其清新的生命。研究這個「正純密教」的歷史，以概括的方法，欲加以敍述，是本書的目的。

（二）秘密佛教的搖籃

一．秘密佛教成立的意義

秘密佛教的素材雖是來自吠陀(Veda)的宗教，但它（密教）絕不是婆羅門教，只是為了佛教的生成，在資料上攝取著婆羅門教，而發生秘密佛教的。已發生了的秘密佛教，它是怎樣發達？而怎樣完成了獨立的體系的呢？對此秘密佛教成立的情形及其達到獨立為止的搖籃時代，首先有一瞥的必要。

二．佛對密法的禁止

據《中阿含》、《長阿含》和《四分律》等經典看，最初，佛對弟子們嚴禁世俗之咒術密法，說：「犯了這個的人，即是犯波逸提(Payattika)」。又於巴利經典《小品•小事篇》第五裏，竟彈訶說：「以此世俗密法為畜生之學(Tirachana-vija)」。從以脫俗為旨的佛本來的立場看，治病、延命、招福等欲樂為本的咒術密法，應該是完全沒有採用的餘地的。

三．達至攝取密法的情形

人的天性，必有欲求一種無限神秘力的心情，這種潛在意識的流露，自然會形成到憧憬咒術密法的地步。所以，這也不能強來打消這個心情。而且，隨著佛教教團逐漸擴大，以咒術密法為事的婆羅門教徒之轉入佛教者漸增，對於這些人，將他們日常行事的咒術密法，立即與入團同時就把它嚴禁，在實際上一定是相當困難的。加上，為要普弘佛教，攝取各方面的人們起見，在化方便上，和他們常習的事、信仰調和，來淨化或善導他們，也是有必要的。於是，如於羅什譯《十誦律》第四十六卷等裏所說：會妨害修行佛道的惡咒密法，當然是禁止。可是，對於：像治毒咒、治齒咒等能守護一身，自得安忍的善咒，乃認為：誦持它也無妨，而終於容許了這個。

四．密法攝取及其傾向

這樣地傾向，到了佛滅後，可更加盛行，在原始佛教經典中，將民間普遍誦持的吠陀讚歌，照原樣攝取為佛教神咒的也有。又，模倣這些讚歌，再加工而成為佛教特有的東西也有。其中，前者之例，如於吳支謙（西元二三〇）《摩登伽經》中所說的就是這個，於其經中，說有印度有史以來，茫茫通行有三千星霜，而至今日尚盛行被持誦的《梨俱吠陀(Rigveda)》第三卷所說的加耶特利(Gayatri)咒，或「梵書(Brahmana)」所說的三明咒，及大梵天王的娑毘多羅(Savitur)等咒。又，例者，如於南方佛典《小品•小事篇》第五，和《本生經》及漢譯《雜阿含經》第九裏所說的被蛇咬著的時候所念的「明咒」，就是這個。這個明咒，是以佛教博愛的大精神為基調的略詮(Sutra)，即：任何暴惡獰猛的東西，你如果以仁慈來對付牠，牠是絕不會害你的。後來，可能是認為這略詮文句本身具有神秘力，而把它當作密咒來持誦的。

五・明咒藏和防護藏

這種情勢所趣向，至於原始佛教中，一定會出現了種種真言密咒。正因如此，故於佛滅後三百年，直接間接，從上座部所屬「說一切有部(Sarvasti-vadin)」所分派的「犢子部(Vatsiputriya)」或「法藏部(Dharma-guptaka)」，乃除經律論三藏外，另集這些真言密咒，而已編成了明咒藏。把這個，就於南方佛來想，集成三十餘種短經，即：將普遍於民間所信仰的諸天鬼神集於佛說法之會座，而說著言些神明擁護佛教的《大會經(Mahasamaya-suttam)》或《阿吒那胝經(Atanatiyasuttam)》為首，其他《三歸文(Sarana-gamanam)》、《慈經(Metta-suttam)》、《十法經(Dasa-dhammasuttam)》等等，名為「防護藏(Parittam)」，是防衛擁護義，是相當於梵語的巴利特羅(Paritra)或錫蘭語之皮立特(Pirit)。把這短經，認為和真言密咒完全同一，信為由於誦持它而能脫離一切災厄，獲得幸福的理，即在於茲。

六·《彌蘭陀問經》和防護咒

據南方聖典(Pali text)律部《小品》第五看，被蛇噛咬，叫做巴立多(Parritta)。據說，這就是巴立多一詞的初見。把這個，徵於其他的典籍看，出生於西紀前第二世紀，首都在北印度奢揭羅（Sagala），而以記述希臘彌蘭陀王（梵語Milinda希臘Menanaros）和那伽先那(Naga-sena)即：龍軍論師之問答的有名的《彌蘭陀問經(Milinda-Panha)》裏，也有這防護咒(Paritta)的問答。彌蘭陀王問說：佛，他一方面强調說著「死」之不可避免，即：於空中、海中，乃逃至任何山窟中，也沒有脫這個（死）的方法。但於另一方面，卻宣說「寶經防護咒(Ratna-sutta)」、「蘊防護咒(Khandha-paritta)」、「孔雀防護咒(Mora-Pairitta)」、「高幢防護咒(Dhajagga-paritra)」、「阿吒那胝經防咒(Atanatiya-paritta)」、「指鬘防護咒(Angulimala-paritta)」等等，認為由其神秘力而能滿一切願，這不是矛盾是什麼呢？對此疑問，那伽先那乃會通說：這個防護咒有效的理由，是因為限於應該有生存的壽命的人，或為能阻止業障的人所用的，所以絕不是矛盾的。而且，由此防護咒的力量，止毒蛇嚙，提起棍棒欲打人的强盜也會丟掉棍棒，倒親切以遇其人。又，向人突進前來的狂象，由此也能立刻止步，如大浪湧來的猛火也能忽熄，欲殺人之刺客也能變成奴隸似的態度來服侍等等。關於這個《彌蘭陀問經》的成立年代，在學者之間，不無異論，但可推想：這是從相當古的時代，就信為佛已說了這些防護咒，且認為是具有偉大的神秘力，而普及於佛教一般的。

七．為要應付民間要求之施設

又，印度一般的民間信仰是認為：人的生病是由徘徊於宇宙的鬼神的作祟而來的。於是，為要救護由此鬼神所生的病難所說的神咒密法，及為要應付民間的要求所出現的佛教經典也不少。如彼元魏菩提留支譯（西元五〇八—五三五）的《佛說護諸童子陀羅尼經》，完全是其例之一，於此經中，列有十五種鬼神名，而說著：由於這些鬼神之著魅於小兒，而會發生夜哭、口中吹泡等種種病症，以擾鬧小兒。這完全是將《大史詩(Mahabharata)」第三•森林品(Vana-parvan)》裏所描寫的關於惡鬼女擾鬧小兒的故事，多少加以轉化而已的。這可說是基於民間的信仰，而為要應付其民間要求的一種自然的施說。

八．真言和陀羅尼

又，隨著佛教的發達，將此真言密咒，應用於瑜伽觀行上，而生起了陀羅尼(Dharani)。本來從陀羅尼的本性來說，以般若經為首，其他如於吳支謙譯《無量門微密持經》或竺法護譯《海龍王經》裏所見，它是以特殊的文字語句為象徵，憶念關連於它的宗教上的深義，而把這真言能統一於「心」所組織的。但到後來，就是專念誦持普通的真言密咒，那是變成了在能統一心或總持散心上，也把這個稱為是陀羅尼的。所以，真言和陀羅尼，竟無任何分別。

九．密法方軌的發達

不論如何，於佛教中，至於强調：「誦持這真言陀羅尼，靠這個來統一『心』，並供養諸尊」時，要如何念誦？各方軌也逐漸發達，到了西曆五六世紀時關於這個的印契(Mudra)或曼荼羅(Mamdala)等東西也成立。於是，完成了正純秘密佛教應該完全要獨立的一切的準備，而完了秘密佛教的搖籃時代。

（三）密教的獨立

一．雜部密教與正純密教的關係

從原始佛教以降，真言密法雖已雜說於佛教中，但那是片斷的雜部密教而已，並不是有系統、有組織的正純秘密佛教或獨立的真言密教。雜部密教與佛教根本義並無直接的關涉，只是擁護佛道修行者，而為消除種種障所附說的真言密法而已，這完全是佛教的附屬物、寄生物的存在而已。然而，從此一轉，真言密法乃變成佛教特有的東西，真言陀羅尼乃能詮顯諸法實相。除此真言密法之外，乃無佛教根本義，唯此真言密法，才是如來的秘密，才是佛教的真髓。於是，正純的秘密佛教始見獨立。雜部密教乃以歷史上釋尊為中心。反之，正純密教的重點，是在大毘盧遮那(Mahavairocana)，即：大日如來，而以大日如來為正純真言密法的說法者，這就是發揮了它的獨立性的。

二．秘密佛教的獨立時期

那末，秘密佛教是什麼時候形成了獨立的體系呢？據自西曆第四世紀末至第五世紀旅行西域印度的法顯的《佛國記》，或第六世紀初入竺的宋雲惠生的《使西域記》，及第七世紀上半期周遊五天的玄奘的《西域記》等書籍看，任何處都找不出密教教團興起的痕跡。但據玄奘歸唐後二十六年，即：唐高宗咸亨二年（西元六七一）入竺，爾來二十五年間巡歷印度的義淨的《西域求法高僧傳》等書籍看，始可窺知秘密佛教的獨立興起。這樣看，印度秘密佛教的獨立，可推定為第七世紀中葉，即：玄奘至義淨中間。和義淨同時代入竺，而一起巡拜了佛蹟的「無行」，他始將秘密佛教的根本聖典《大日經》傳到中國，且在他寄給中華本土的信書裏說：「近有真言教法，舉國崇仰」，由此可證秘密佛教的獨立。

三．義淨當時的密教在中印度

義淨入竺當時，中印度的秘密佛教已帶有獨立性而傳播的事實。據義淨自己說：「於那爛陀(Nālandā)常入場，務欲得其精要，終於不致有成就」，即可明瞭。又，例如秘密佛教的根本佛大毘盧遮那佛，於中印度各處，已被奉祀一項，閱與義淨同時代入竺的常愍的《遊天竺記》裏的如下一節，即可知其消息，即：「釋常愍發願尋聖蹟，遊天竺之日，到達中印度鞞索迦國(Vicaka)。王城南道左右有精舍，高二十餘丈，中有毘盧遮那像，靈驗揭焉。凡有所求，皆得滿足，若有障難，祈請必除」云。

四．密教獨立的中心地

義淨當時，獨立於中印度的秘密佛教，雖是廣弘，但其中心地，可能是在西印度。據《西域求法高僧傳》看，義淨當時入竺者五十六人之中，玄照、師鞭、道琳和曇閏四人是信奉密教。而其四人，均志向著西印度，由此可見，西印度是密教的中心地。玄照依唐高宗的勅令，求「長年藥」於西印度羅荼國(Lata)。善能念持「禁咒」的師鞭，也和玄照一起去西印度而被國王尊敬。道琳雖於中印度研究咒術，但為正式窮徹咒術的蘊奧起見，住西印度羅荼國多年，設靈壇，禀明咒。至於曇閏，他因欲學咒術的玄理，從交趾乘舶，向西印度去，不幸，於途中病逝。由此可知，這些人都志向西印度，欲以求學密法。再從其他方面，在羅荼國的領域裏，有康黑里(Kanheri)、那尸克(Nasik)、愛婁羅(Elura)、阿將達(Ajanta)等不少的密教遺跡，由此亦可察知：這西印度的羅荼國，一時是成為秘密佛教獨立的中心。

五・何處為密教大成的地點

今由周圍的情勢看，這西印度羅荼國，可能也是秘密佛教大成的地點。古來，西印度羅荼國是商業地點，且是很多人種的雜居地，各種宗教—例如拜火教、耆那教(Jaina)、婆羅門教、大小乘佛教等—也共存於茲，因之蹁蹐於摩揭陀(Magadha)的地方性佛教來至於茲，也完全變成了世界性的宗教。已如德國Grunwedell所示，秘密佛教從釋迦中心脱出，而成為大日如來，可能也是受了此地拜火教的影響的結果。加上，有義淨當時編成密教聖典於西印度的傳説，對此更加給予證實的基礎。

六．密典編成的傳說

這傳說，記載於《西域求法高僧傳》的《道琳傳》中。道琳說明密教成立的由來如下：

明咒梵云「毘睇陀羅必枿家(Vidya-dhara-Pitaka)」。毘睇(Vidya)譯為明咒，陀羅(dhara)是持，必枿家(Pitaka)是藏。應云持明咒藏。然相承云，此咒藏梵本有十萬頌，譯為唐文，可為三百卷。現今求覓，多失少全，而大聖歿後，有阿離耶那伽曷樹那(Arya-nagarjuna)，即龍樹菩薩，特精斯要。時有弟子，號為難陀，聰明博識，意瀆斯典。在西印度，經十二年，專心持咒。遂便有感應，每至食時，食自空下。而又誦咒，求如意瓶。不久便獲，乃於瓶中，得經歡喜。不以咒結，其瓶遂去。於是，難陀法師，恐明咒散失，遂撮集，十二千頌。成一家言，於每一頌中，離合咒印之文，又雖言同字同，實乃義別用別，非親口相傳授，實無由解悟，後，陳那論師(Dig-naga)，見其製作之巧殊異人智，思極情端，撫經歎曰，先使此賢，致意於因明，我亦有何顏耶。

七．對此傳說之批評

據傳說看，龍樹的弟子中有叫「難陀」的人。但除傳說之外，其他並無文獻可證明這個。在「他羅那多(Taranatha)」的《印度佛教史》裏雖說：有叫做「難陀」的人，被龍樹認是異端者而從教團被趕出去，但這個，當然不是龍樹的弟子。以難陀為撮集將散失之秘密經典十二千頌，是已如「毘爾(S．Beal)」或「沙槃斯(E．Chavannes)」所指摘，那是入了婆羅門文學的傳說，即：是把將燒失的書籍一部分，從火中救出而撮集的「不里哈德卡多(Brihat-Katha)」的故事（難陀王一大臣之故事），照樣潤色，拿來使用的。這可能是借難陀王的名義，來改為龍樹的弟子的。又，此傳說中所的「得如意瓶之法」，在和義淨同時代的寶思惟譯的《不空羂索陀羅尼自在王咒經》裏，也說有這個。所以義淨當時，在印度各地方，廣修此法，或許是無可置疑，但由此而得秘經，是有疑問的。我想，當修行此如意瓶法時，可能是指著：突然在一個地方發現了秘密經典的。又說：陳那(Dig-naga)見此經典而感歎之，但這也有疑問的餘地。陳那是出現於第五世紀晚期乃至第六世紀前半的人，因之，在正純真言教義上所組織的真言咒—例如「於每一頌中，離合咒印之文，又雖言同字同，實乃義別用別」的咒文—在當時已存在，是不可設想的。玄奘的《西域記》裏也說，陳那是永住於羅荼國領域「阿將達(Ajanta)」的人。因此，後來可能就以秘密經典為藏於「阿將達」的石窟裏，而將「有一大德見之而感歎」的事實，歸於陳那一人。

不管如何，例如在阿將達的石窟裏，秘藏有正純密教的經典，而於義淨當時，它乃成為眾人崇敬的目標一事，看義淨與無行共詣於靈鷲山時的如下一首詩，即可明瞭：

鶴林權唱演功周　聖徒往昔傳餘響
龍宮秘典海中探　石室真言山處仰

「石室真言山處仰」一句，就是證明這個。又，「道琳」為搜訪密教玄謨，而遊於南天竺，可是指著這附近的吧。實際上，羅荼國是跨遍西南印度，而此「阿將達」地方，是屬於南天竺的原故。

八．密教中心地的變動

如此，義淨當時，最興隆的西印度正純密教，漸流入南印度。以「阿將達(Ajanta)」、「那尸克(Nasik)」、「康黑里(Kanheri)」等石窟為首，沿「哥達華里(God-awari)河」、「去斯特那(Kistna)河」，次弟（逐漸）延至南方，至於「龍智」、「金剛智」出現於第八世紀初期時，以香至(Kanci)國為中心的南天竺，乃成為密教中心地，而從第八世紀後半期以後，乃經由「烏荼（土語Uda梵語Udra）國」，而傳於東印度一帶，此竟成為新意思的密教中心地。

（四）《大日經》的成立、傳播

一．《大日經》的前六卷和第七卷

使秘密佛教能取獨立的根本，是《大日經》的成立。漢譯的《大日經》有七卷，但第七卷不過是其供養軌而已，所以這（第七卷）是遲前六卷而編成的，在西藏藏經，卻不以此（第七卷）為經典，乃把它當做是論疏部，而攝收的「丹珠爾部」之中。

二．《大日經》的內容

大略而言，《大日經》的內容，是如實先說：秘密佛教的根本佛「大日如來」的「悟」的究竟是怎樣的東西，次乃說著從其悟示現種種佛身，以攝化種種眾生，說種種法，托真言、曼荼羅等種種事作，而示種種方法以展開心的真相的。這當然是強調大日如來的成道和神學。換言之，是力說自證化他二方面的，但流在其中的主要思想，是強調「般若」和「方便」，猶如車之兩輪，鳥之兩翼，不可分離的。佛的目的，是在攝化眾生，故對利益眾生而有用處的東西，不管它如何，須要攝取、淨化、利用之。從此「含容思想」上，基於婆羅門教等民間信仰，也自由把它攝取，而以「般若」和「方便」的根本思想，很巧妙地把這個淨化，而給予體系的，乃是這個《大日經》。

三·《大日經》成立的候補地

由此經典的內容看，成立了《大日經》的地方，並輻輳有種種宗教及種種文化的流行是可推的。阿富汗斯坦的迦畢試國(Kapica)或中印度的那爛陀(Nālandā)等，也可為其候補地，但這些地方都遠離大海，故其所住之人，對於大海，應該是沒有多大關心的。可是，在這《大日經》裏，說有大海的事。為要檢出欲受秘密佛教的灌頂的弟子是否可堪得之器，判斷弟子們所見的夢的好壞時，乃以渡大海或河水，為好相之夢。不知大海的人，是不會夢見大海的。至少，本經的作者，是住在渡得大海的地方，而把住在那地方(看得見大海的地方)的弟子們，畫在腦筋裏的結果所作的。從這點看，阿富汗斯坦的山國「迦畢試」是不消說的，就是中印度的那爛陀，也不適宜為候補地。而且此經中說，以水界為給予一切眾生的歡樂，而說佛形像時，都以「鉢吒(Patta)為裙，而以極其輕細的東西為上衣。」這是熱國的服裝狀態，絕不是例如迦畢試的寒地的狀態。綜合上述諸點，加以推理，《大日經》成立的候補地；除了跨遍於西南印度的「羅荼國」之外，卻無法求之於其他地方。

四．羅荼國的情勢

羅荼國的首都「跋祿羯呫(Bharukaccha)」為外國貿易的要港，古來聞名。從希臘、埃及、波斯等地來的外國貨，到了此地，才被搬上陸地，而配給中、南、北印度各地。同時，中南北印各地的產物，皆集積於此地，從此輸出外國。因此，此地種種人種雜居，行有種種宗教，輻輳種種文化，地方富裕。此地的繁盛，繼續到第九世紀，被亞拉比亞海賊侵荒為止。而於第七世紀前半期，玄奘旅行至此地時，航海之業頗盛，大小乘及一切異道雜居，鄰地的「摩臘婆國(Nalava)」或隔一葦帶水的「伐臘毘國(Valabhi)」等，均享此餘澤而榮富，尤其是伐臘毘國的百億長者，達至一百多家。而且，玄奘當時，「摩臘婆國」乃學藝之中心地，而與中印度摩揭陀國拮抗。到了義淨時代，學藝中心則移至伐臘毘國，凡屬印度人而欲學藝者，不是去中印度那爛陀(Nālandā)，便是來到「伐臘毘」，此兩地之互相爭榮，由此可知。

五．《大日經》成立的假定

加上，於第六世紀晚期，唯識十大論師之一的「安惠」(Sthira-mati)，他由於「達羅世那(Dharasena)」王之歸依，在這伐臘毘國建立佛寺。爾來，相繼蒙受王家擁護，依其巨大的財施，設立佛教圖書館於該地，從各地蒐集圖書，藏在此地。

關於《大日經》的編成，其先驅思想，是在(一)法身大日現種種身而攝化眾生，(二)高調方便想而不執形式，(三)力說為利益眾生而攝取外道種種教法的「堅意」(Sthira-mati)」造之《入大乘論》，或出身於南印度羅羅國的達磨笈多(Dharma-gupta)於隋代大業年中(西元六〇五—六一六)所譯的《菩提資糧論》等皆流行諸地點，而這些書籍，當然會藏在伐臘毘國圖書館裏。因此，住在此地的大德，從這些論疏獲得暗示。同時，為要應付羅荼國所醞釀的情勢，可能於第七世紀中葉，編成了《大日經》。這不過是一種假定。但在缺乏確實史料的印度裏，從周圍的情勢看，除了如此推考之外，別無其他方法可以確定《大日經》的成立情形。

六．《大日經》的傳播

如此，應認為是成立於西印度地方的這個《大日經》，亦如佛預言般若經的流徑路說「舍利弗，如來滅後，般若波羅蜜當流布於南方，應從西方流布於北方」。先傳於「阿將達」(Ajanta)或「那尸克」(Nasik)等巨石窟寺院的南印度地方，而為正純密教的根本經典，漸被認出其價值，而於此石窟山處，被眾人讚仰。同時，經由「不漏祇」(Broach)沿隊商過的道路，而於第七世紀後半期，好像已流傳到中印度或北度的樣子。因此之故，「無行」乃得之而自己受持，而於「無行」死後，即傳到中國。因之，把《大日經》介紹到中國來的，是以「無行」為最初。

七．《大日經序》的傳說

至於第八世紀初，即：善無畏三藏入唐時，此經已流傳至北印度的山間。此事，由於開元十六年清河崔牧所記述的《大日經序》，亦可窺知。此《大日經序》，由靈巖寺「圓行」請至日本。本序，因為撰者崔牧的傳記不明，並於經序中所記善無畏來唐的年時與其他史料不一致，故自古以來，難此經序說者不少。但當做為要知道善無畏三藏當時，此《大日經》已傳播至北印度勃嚕羅國(Bolora)一項的資料來看，此《大日經序》是可充分使用(信用)的。今將此經序中的傳說，抄出於下面：

昔，北天竺界內，有一小國，號「勃嚕羅」。其國城北，有大石山，壁立於雲，懸崖萬丈，於其半腹，有窟藏秘法，每年七月，眾聖集中。復有數千猿猴，持經出曬，既當晴朗，髣髴見之。將昇無階。似見雲雁之連。暴風忽至，吹一梵篋下來。時有採樵人，輒遂得收，覩此奇特，便奉獻於王。王既受之，得未曾有。其日至暮，有大猿來索此經。暫時不還，乃欲殞身自害。王以善巧方便，慇懃再三云，經篋即可還，但欲求寫。見王詞懇，遂許，通融曰，且為向前受納。三日即來，欲卻取。王乃分眾繕寫，及限卻還。王只傳其本給太子，而不外傳。近有中天大瑜伽阿闍梨，遠涉山河，尋求秘寶。時覩阿闍梨有異，欣然傳授此經。其旨趣幽玄，卒以難精竅，乃與諸聖者共簡繁摭要，集為二千五百頌云。

八．此傳說之檢討

此敍說是從善無畏三藏直接聞得？或從其他印度僧傳聞？雖不明瞭，但必有人從當時流布北印度附近的說話傳來，殆無錯誤。不過，在傳說的性質上，混入種種話語，而為投合人人情意，種種潤色是一般的常事。故不能照樣採用為史實。蓋剪採經要，就有二千五百頌，故其原初的大日經典，當然是非常浩瀚的。儘管暴風怎麼大，那浩瀚的東西，會全部被吹掉，是太異常的形容。同時，數千猿在曝日及樵夫收得這個，也有充分可疑的餘地。這可能是從那難陀把密典編成十二千頌的傳說得到暗示。同時，為要潤色勃嚕羅國附近的國王傳寫藏在石窟寺院的《大日經》之史實，而點出猿猴的吧。

不管如何，這勃嚕羅國，是經由北印度烏仗那國(Udyãna)，踰越雪的「迦羅科倫(Kara-korum)」，經過葉爾羌河上流地域，而出於于闐(Khotan)等途中的國。因此，可能是把這個《大日經》欲傳於遙遠的于闐或斫句迦(Chakuka)等國的人，攜至此地，而藏於這石窟的。由此以觀，亦可推知：《大日經》也曾經傳播到這個地方來。

九．關於《大日經》第七卷的傳說

關於《大日經》第七卷，另有傳說，即：善無畏三藏來到北印度乾陀羅國(Gandhare)時，其國王向三藏質問：基於《大日經》而供養「佛」的方法。三藏為要應付其質問，於「迦膩色迦」(Kaniska)塔邊，祈求佛力加被。結果，其「供養法」的文字，炳然出現於空中，三藏叫人把它抄寫，一份獻給國王，自己也抄一份，携帶於身，流傳四方。據「釋溫古」再修的《大日經義釋》第八看，善無畏三藏，是北印度烏仗那國(Udyāna)撰出這個的。不過，這是「溫古」對此傳說的一種「會意」。西藏譯的這個「供養法」，卻明記為「吉祥賢喜」(Cribadranandana)之作，所以把這認為是善無畏三藏撰，是有疑問的。這可能是：善無畏三藏遊至烏仗那國時，有一國王請教「供養法」，而三藏為要應付這個要求，正在找此供養時，突然於「迦膩色迦」(Kaniska)所造的塔邊，發現了這個，立即寫取一份獻給國王，他自己另攜一份流傳於四方也說不定，傳說不過是潤色此史實。此據寫「供養法」的《大日經》第七卷末筆受者「一行」的如下跋文，即可明瞭，即：

右阿闍梨所集《大毘盧遮那成佛神變加持經》中供養儀式，具足畢。傳度者，頓存會意，又為要省文，故刪其重複等。

十・歸結

總之，此《大日經》，可能是西曆第七世紀中葉，成立於西印度羅荼國，隨逐隊商的路徑，傳播於南、中、北印各地。而於第八世紀初，已流布至印度「勃嚕羅國」山間的。又，寫有「供養法」的第七卷，可能是遲於前六卷而成立，而善無畏三藏發現它於印度，把它抄寫而宣布於各地。同時，三藏來華時，也可能把這(供養法)攜至中國來。

（五）《金剛頂經》和南天鐵塔

一．《金剛頂經》的十八會

和《大日經》相並，而且比《大日經》更純正的密教基本聖典，是《金剛頂經》。《金剛頂經》，是從十八部的經典而成立的大部經。據傳說云：裏面有十八會十萬頌。形成《金剛頂經》最「根幹」（基本）的，是初會的經典《一切如來真實攝大乘現證三昧大教王經》，略稱為《現證三昧經》或《真實攝經》（Tattva-samgraha）。第二會以下的經典，不過是把初會經的根本原理，加以種種變化發展而已。從成立上看，這初會的「經」，也應該是最初的東西。

二．《金剛頂經》及其先驅經典

至於這《金剛頂經》，始說有「五相成身觀」。說著「月輪觀」和「三秘密觀」的《大乘本生心地觀經》，描寫其（五相成身觀）先驅思想的經典。《心地觀經》的梵文本，已於唐高宗之朝（西元六五〇—六八三），由「師子國」（錫蘭）的國王，進貢至中國。《大日經》把一切佛，只分為佛部、蓮花部和金剛部三類，但至於《金剛頂經》，乃把這分為佛部、蓮花部、金剛部、寶部和羯磨部五部種族。形成此五部思想的魁，是三十卷的《不空羂索經》。其中，說有一切如來種族、蓮花種族、金剛種族、摩尼種族和種種族的五部五種族。《不空羂索經》是南天竺「菩提流志」(Bodhiruci)來到「洛陽」的長壽二年(西元六九三)或更以前就請到中國來的經典。不論如何，這些先驅經典，至少到七世紀後半已傳至中國，所以這些經典，應該是在西紀六百六七十年前後，已經成立的。而且《不空羂索經》中，處處引用有《大日經》的要文，由此可知：《不空羂索經》是次於大日經而成立。其次，西紀七百八九十年左右，才成立了《金剛頂經》的樣子。

三．《金剛頂經》的出現

最初把《金剛頂經》介紹到中國來的，是開元八年(西元七二〇)入唐的「金剛智三藏」。金剛智三藏(西元六七一—七四一)，三十一歲(西元七〇一)來南天竺，花了七年的星霜，研究了《金剛頂經》。所以，此時(第八世紀初)，《金剛頂經》已傳播至南天竺的一部分，是明瞭的事。把這徵西藏所傳來看，生存於西曆第八世紀的「因陀羅部底」(Indrabhūti)王時，十八會的《金剛頂經》始出現於東印度「沙河爾」

(Sahor)國，而把這經於西印度摩臘婆(Malava)國的「苦苦羅」(Kukura)阿闍梨時，阿闍梨說：「未曾看見此經」。

又，據說，曾從「因陀羅部底」受教的「釋迦彌怛羅」(Cakya-mitra)，他也就南印度「空康」(Konkana)或「沙虛耶」(Sahya)山地的大阿闍梨，聽聞《金剛頂經》的口訣，而造了初會《金剛頂經》(《真實攝經》)之「疏」。由此以觀，在第八世紀後半期，此《金剛頂經》不但已傳至南印度，而且也傳至東印度，而以此為基調的「秘密觀法」，也如實被實修著。

四．《金剛頂經》的成立地

由此情形加以推理，《金剛頂經》成立於南天竺，雖是明瞭，但在南天竺哪一個地方成立是有問題的。關於這個，據西藏所傳看，佛於南天竺「馱那羯磔迦」(Dhanya-kataka)國的大塔廟處，說《時輪經》(屬於《金剛頂經》系統的經典)時，「香婆羅」(Cambhara)國的王子「月賢」(Cadra-bhadra)聽了而有心得。這個馱那羯磔迦國的大塔，是在「基斯德那」(Kistna)河南岸的「阿摩羅婆底」(Amaravati)大塔。第十二世紀以後，此塔叫做「阿摩羅婆底」大塔，而以前是叫做「馱那羯磔迦大塔」或叫「馱那羯磔迦城東的大塔」。

五．馱那羯磔迦塔的由來

馱那羯磔迦大塔，是於西曆第二世紀前後，「案陀羅」(Andhra)王朝的女王「增長」(Vāsisthi)建立的，《華嚴經•入法界品》所云「福城」，就是指這「馱那羯磔迦城」，而其城東沙羅林中大塔廟處，即是這個「阿摩羅婆底塔」(Amaravatī)。據《四十華嚴經》看，文殊菩薩以神通力，從祇園精舍來至福城，即：馱那羯磔迦城，住城東沙羅林中的大塔，教化此國人民，從其羣眾中，拔擢善財童子，而善財童子為訪五十五善知識，巡歷了南天竺一帶。第七世紀中葉，拜訪了這大塔廟處的日照三藏，他說：「此塔極大，東面鼓樂供養，不聞於西面」。於唐興元元年(西元七八四)入唐的印度僧「釋蓮華」，他謁德宗皇帝，請「鐘」一口，把它安置於這大塔，而將此塔稱為「寶軍國毘盧遮那塔」。

六・南天鐵塔說的內容

據「金剛智三藏」講而其弟子「不空」記述的《金剛頂義決》看，南天竺有鐵塔，而有一大德，於其塔下，感得（心得）了這《金剛頂經》。今將其本文，抄出於下面：

其大經《金剛頂經》本，阿闍梨（金剛智）云：經篋廣長如床，厚四五尺，有無量之頌，在南天竺界鐵塔中，佛滅度後，數百年間，無人能開此塔，以鐵扉鐵鎖封閉之。其中，天竺佛法漸衰時，有大德先誦持大毘盧遮那真言，得毘盧遮那身，及現多身，於虛空中，說此法門及文字章句，次弟令寫，訖即滅。即《毘盧遮那念誦法要》一卷是也。時，此大德持誦成就，願開此塔，於七日中，繞塔念誦，以白芥子七粒而打此塔，門乃開。塔內諸神，一時踊怒，不許進入，唯見塔內，香燈光明一丈二丈，懸列滿於名華寶蓋中。又聞讚聲讚此經王。時此大德，致心懺悔，發大誓願，然後得入此塔中，入已其塔即閉。經多日，讚此經王廣本一遍，思如食頃。得諸佛菩薩指授，堪所記持不忘。便出塔，塔門還閉如故。爾時書寫所記持之法，有千頌。此經名為《金剛頂經》。菩薩大藏塔內廣本，絕世所無。塔內燈光明等，至今不滅云。

七．對此傳說之批判

我想，這南天鐵塔說，是金剛智三藏把當時流行的《金剛頂經》的傳說，照樣說給他的弟子「不空」聽，而「不空」又照樣把它記述的，此事由於「阿闍梨云」一句，加以推理，亦可明瞭。這是關於《金剛頂經》的傳說，故有種種潤色及種種故事的混入。例如寫得出現彼空中文字章句，而成立了《毘盧遮那念誦法要》一卷，是和善無畏三藏於北印度乾陀羅國空中感見的《大日經》七卷的故事，完全混合的。又如：以白芥子七粒而開扉鐵塔，入已塔門隨即關閉，是完全把《西域記》第十卷所載「清辯」開「阿素羅宮」的故事，照樣轉用的。這不過是把有一大德於南天一塔下感得靈感，基於茲而編成的《金剛頂經》的史實，加以潤色而已。這和西藏所傳「香婆羅」(Cambhara)國王子「月賢」(Candra-bhadra)於馱那羯磔迦國塔下感得《時輪經》的傳說，完全一致。所謂南天鐵塔，乃不外乎這馱那羯磔迦國的大塔，是不難設想（想像）的。

八．所謂南天鐵塔的意義

由現存的遺物來看，亦可明瞭：馱那羯磔迦的大塔是全由大理石而成立的。而為什麼「金剛智」把這個叫做「鐵塔」呢?本來這個大理石,並不是印度的產物,古來可能都是從羅馬,即,義大利附近的。由此可知:印度人對此大理石,並無健固的概念。此事徵於西藏所傳「馱那羯磔迦大塔」的說明,亦可明瞭,云:「此塔自體,如現今得見,非土非石,亦煉瓦」。又據日本相傳義看,例如「仁濟」的《秘密決疑鈔》等書,乃不以此鐵塔之「鐵」為普通之黑鐵,卻稱為是「白鐵」。其白鐵是什麼呢?可能是現在的「錫」,《西域記》乃記述說:「彼北印度那揭羅曷國(Nagarkot)醯羅城(Hilla)裏,有從白鐵而成的如來錫杖。」所謂白鐵的這個「錫」,古代是從埃及而輸入於印度的,詳細記述於西曆第一世紀,希臘商人所述的《周航記》(Periplus)裏。這個大理石的質,滑而帶有純白色,而且有光澤,所以很像白鐵的「錫」。因此,金剛智乃可能把這認為是「白鐵塔」。而在實際上,大理石的大塔,即:馱那羯磔迦的塔,不外是指卻「阿摩羅婆底」的塔。

九.馱那羯磔迦塔及其周圍的情勢

然而,這個《金剛頂經》,是怎樣以馱那羯磔迦國為中心而成立的呢?今考其情形，西曆第五世紀，這馱那羯磔迦大塔的大壇主（大施主）案達羅王朝已滅亡。爾來，建都於「建志城」(Kānci-pura)的「波羅婆」(Pallava)王朝之間，以「婆達皮」(Vātapi)，即：現在的「婆達彌」(Bādami)，為首都的「荼婁基耶」(Chālukya)王朝之間，鬪過好幾次的爭奪戰，而此馱那羯磔迦國乃變成爭奪的對象，玄奘遊歷此地時，此地可能已歸屬為東荼婁基耶的領土，而其伽藍（寺廟），也可能相當的荒廢。後來，此地變成「波羅婆」(Pallava)王朝的領土時，於其庇護下，伽藍復興，巡禮此大塔靈蹟者，亦漸增加，此「波羅婆」王朝注力保護佛教及「波羅婆」王朝領佔下的密教興隆一項，見於記有「此王朝『難地婆兒門第一世』(Nandivarman I)於西歷第八世紀前半期歸依佛教」的「阿摩羅婆底」石柱刻銘，和今尚為此王朝都的建志城(Kāñci-pura)的佛像發現的事實，亦可察知。

被此情勢所醞釀，《金剛頂經》也可能是有一大德在此馱那羯磔迦塔下得到靈感，而於玄奘所稱的「西山寺」(Aparacaila)或「東山寺」(Pūrvacaila)編成的吧。

十·《金剛頂經》和山間石窟

西曆第八世紀初，「波羅婆」王朝的「那羅僧伽寶多拔摩」(Narasimha-pota-varman)王篤歸依金剛智三藏，為了三藏（金剛智）蓋了一新佛寺，所以《金剛頂經》廣弘於金剛智所住的建志城，是當然的事。而此經的講贊傳授，主要還是布山地石窟寺院舉行的樣子。因為，印度的佛門生活，概由托以遊歷諸國為常，惟在雨季，安居於山間石窟，利用此季，講述經典的緣故。例如釋迦彌恒羅(Cakya-mitra)等，於空康(Konkana)或沙虛耶(Sahya)等山地，得從該地阿闍梨，聞得《金剛頂經》口訣的原因，亦在於茲。

（六）龍樹菩薩與龍智阿闍梨

一．密教成立的事情

正純密教成立（獨立）於西曆第七世紀，並不是無蹤無跡而忽然出現的，它是必有其由來的。恰如轉移諸樹葉末一滴之雫『（編按：「雫」是日文漢字，意思是「水滴」）』，它聚集為一條溪水，更集為大河流，正純密教也是如此。為要應付社會的種種要求及時代的情勢，由於佛教界種種人的努力聚集，而成其大。從這一點看，是不應該有「龍樹」或「龍智」等特別的開祖或祖師的。

二．密教的開祖和龍樹

不過，隨著正純密教組織的完備，竟生起了指定開祖的要求，以代表達至於茲的集合力量。為要滿足此要求而被選出者，是龍樹(Nāgārjuna)菩薩。龍樹菩薩出現於西曆第二世紀乃至第三世紀之間，被眾人崇敬如佛。可是，他並不一定是雜部密教的創始者，亦非正純密教的大成者。但是，他對雜部密教給予教義的根本基礎，而正純密教是以他的思想為基本而發展的。在這意思上，以他為密教的開祖，似乎無人敢拒絕或見怪的。

三．龍樹的思想

西曆第二世紀的佛教界，異派分立，呈現出極其混沌的狀態。生於此時的新進氣銳的「龍樹」，他有熱誠的意志，欲整理當時的佛界，以樹立一新宗教，見其如下述懷，亦可明瞭，即：

佛經雖妙，以理推之，故有未盡，於其未盡中，應推而演之。以悟後學，於理不違，於事不失，斯有何咎。

他由此立場，而鼓吹中觀思想，而此思想，自然分為消極與積極，否定與肯定兩方面。代表其消極方面者，是《中論》、《百論》和《十二門論》等論，而代表其積極方面者，是《智度論》及《十住毘婆娑論》等書。

四．龍樹與密教之關係

龍樹為要斷除一切固執病弊起見，竟否定及破壞了「空」、「有」、「生」、「滅」、「常」、「斷」、「一」、「異」等有限界的一切事物，但此否定（破斥），絕非以否定或破壞為目的，而是不外欲建設佛國於洗淨了一切穢的清淨地上的。以是，他否定了一切之後，重新再看一切，肯定一切，而說：

法身之佛，常放光明，常在說法，而以罪故不見不聞，恰如日出，盲者不見，雷霆振地，聾者亦不聞。

這樣，他認定法身佛的實在，而說著：其法身佛為化種種眾生，示現種種佛身，說種種法，展開種種佛意的身口意三秘密的旨趣。他勸人應學世間的經書、技藝、方術等學而說：「若不知世間法，乃至不能教化一人」。他又勸勵造塔，供養佛像及觀佛等行。同時，又高倡經由「阿(a)」、「羅(ra)」、「波(pa)」等有限的一字一句而能涉入無限界的「字門陀羅尼」的原理。於是，唯為守護及除災而寄生（雜說）於小乘諸經的「真言陀羅尼」的一字一句本身，就能變成統一「心」，及合一於無限界的妙術，而其教義的基礎亦可把握於茲。同時，正純密教亦能自由攝取世間的通俗信仰，淨化民間俗信，活用世俗信仰。這樣包含（包容）的立場和更進一步至於《大日經》三無盡莊嚴藏的根本思想，均由龍樹的思想分化，而再把它發展的。

五．龍樹的事蹟

龍樹在這世間法上建立了出世間法，又不但從「即世間」而欲活現佛陀精神的立場，而不辭與婆羅門教徒搏鬪咒術，且為救度偏信外道的國王，自動脫僧衣而成為一軍將，利用作軍將的信任，終於把王引入於佛法的事，也敢行為。如此，崇奉龍的國王，可能是南天竺引正王家(Catavāhana)的一個王。龍樹為此王裁書，懇警其放逸，勸誡他應住佛陀精神。此「引正王家」，爾來篤厚歸依龍樹，投出巨款，於黑蜂山開鑿了五層的石窟等，請龍樹居住於茲。龍樹以此黑蜂山為中心，光遍四方，德化極大，此事徵見姚秦羅什於龍樹滅後一百年譯彼傳記時所寫跋語：「南天竺諸國，為他蓋廟，敬奉如佛」一節，亦可窺知其一斑。

六·當做密教開祖的龍樹傳的變動

西曆第七世紀中葉以後，正純密教成立，而其獨立的旗幟漸鮮明。同時，也有決定「其開祖是誰？」的必要。於是，以形成密教思想的淵源，而且最富有密教色彩，而都崇奉如佛的龍樹為開祖，是自然的事。從文獻上看，以龍樹為密教開祖的記事，似乎以《道琳傳》為最初。此《道琳傳》是大唐義淨於天授二年（西元六九一）撰寫，故於距此不遠的時代，成立了龍樹為密教開祖的思想，是顯明的事。繼承此思想，第八世紀宣傳密教於中國，金剛智或不空等盛倡之。第九世紀更將真言密教樹立於日本的弘法大師，他不但以龍樹為密教之開祖，而且認為龍樹是開扉南天竺鐵塔的人。不過，正純密教於印度漸通俗化及大眾化。因此，漸生以神怪的奇蹟故事來迎合於人情的潮流，故如成立於西曆第十一世紀的《八十四行者傳》所載《龍樹傳》，乃全由神怪的事蹟以充實其內容。

七·龍智傳的由來

據云，繼續龍樹消極、否定的中觀思想者，是「迦那提婆」(Kana-deva)。同時，體現其積極、肯定的密教思想者，是龍智(Naga-bodhi)。但此龍智，究竟是否龍樹面授的直接弟子？頗有疑問。他如果是龍樹的直接弟子，應該早就有了有關那些的什麼文獻或傳說的。例如《道琳傳》說密教由來的場合，既以龍樹為密教開祖，那末應該以龍智為其繼承者的。然而，身為密典的編成者，而舉出了龍樹的弟子「難陀」，但對龍智的事，倒不觸及一言。這是因為：仰龍樹為密教開祖是於西曆第七世紀後半期才開始。同時，這時代尚無人知道「龍智」的存在的關係。把這龍智最初介紹於世人，是第八世紀金剛智三藏以後的事。

八．龍樹、龍智和金剛智

大唐開元二十九年(西元七四一)，金剛智三藏寂滅時，乃把這勑葬於龍門，天寶二年(西元七四八)，為他(金剛智)建塔於奉先寺西崗，俗弟子「混倫」撰文，並把這寫在其碑。於其碑銘，記載有「金剛智三藏往南天竺，於龍智的地方，花七年星霜而研究了密典」的事。但其記載，並無說及龍智是否龍樹的弟子及其壽齡幾等事蹟。但應認為和它殆同一時代寫的「呂向」的《故金剛三藏行記》裏乃記述：

「三十一歲往南天竺，龍樹弟子龍智，年七百歲，於今猶見在，經七年，承事供養」。我想，這不過是基於《大慈恩寺三藏法師傳》第二所說」，礫迦或大菴羅中，有七百歲的婆羅門，乃至是龍猛弟子」的記事，呂向擅自把它潤色的吧。從此龍智為龍樹（即是龍猛）之面授弟子的錯誤想像，而為要填充龍樹與龍智，龍智與金剛智之間的年次，竟構成了龍智數百年而傳於金剛智之說。但如嚴郢的「不空三藏碑銘」乃記為：「龍樹數百年而傳至龍智，而龍智乃直傳於金剛智」。所云「龍智從龍猛傳受密法」，恐怕是繼承其思想之學徒，或體現其奧義而不異於面授相承的末徒的意思，並不是親自面授相承的意思。

九．龍樹與不空

龍智不但傳法給金剛智，對於金剛智的弟子「不空」，也附囑其「法」。今依「嚴郢」的「不空影贊」看，金剛智寂後，天寶元年，不空奉勅，往南天竺師子國，即今之錫崙島，逢見龍智，親受灌頂，究盡了秘密的蘊奧，此「不空」見到龍智的天寶元年（西元七四二），雖是從「金剛智就師龍智」時殆經過有四十年，但龍智似乎愈老愈健康，從南天竺國渡至一葦帶水的錫崙島，垂化於茲。據「飛錫」的「不空碑文」或「趙遷」的「不空行狀」等記事看，就師於錫崙島的不空的灌頂師，叫做「普賢阿闍梨」。此普賢即是「普賢金剛薩埵」，普遍把灌頂阿闍梨尊為「普賢金剛薩埵」。所以，普賢乃不外是龍智的尊稱或其異稱。

十．龍智見在的信仰

後來，龍智歸回南天竺，隱居於龍樹曾經住過的吉祥山(Cri-parvata of Cri-Caila)，即：玄奘所云的「黑蜂山」，人竟不知其終。因此，龍樹可能於此吉祥山得不死之神力，留「定身」於茲，生起與日月一起現存之信仰，廣潤普及於南印度一帶。所以，貞元二十年(西元八〇六)，弘法大師於大唐長安醴泉寺遇到般若三藏、牟尼寶利三藏、南天婆羅門等人時，聽他們說：「龍智阿闍梨今猶在南天竺傳秘密之法」。把這個徵西藏所傳看，屬於提婆波羅王(Deva-pāla)時代的「毘兒波(Virūpa)」登吉祥山就師龍智，而羅睺羅(Rāhula)也會到龍智。此乃不異乎留「定身」於高野山的弘法大師，常影現於四國巡拜者的心眼。

十一．西藏所傳的龍智傳

此乃基於龍智現存的民間信仰，而變成了：龍智為龍樹代理人，為要把藥丸、眼藥、諸寶、神足通等八大悉地給予眾生起見，常住於吉祥山的《八十四行者傳》所載的傳說。由此再經一轉，而成立了如「他羅那達(Tāra-nātha)的「印度佛教史所說的《龍智傳》。據它說：「東方藩伽羅（Bhangala即Bengal）國有婆羅門老夫婦，二人之間有一子，家貧過日，龍樹來給予他們黃金為緣，其子竟成為龍樹弟子，常隨龍樹，精通三藏，而且亦通鍊金術，此即是龍智。同時，龍樹滅後，此龍智乃住吉祥山一隅之洞窟，十二年間，依其修行而得大印(Mahāmndra)之悉地，生命與日月同久，常住其處」云。龍樹旅行於東印度「Bengal」地方，卻不能忽忽置信。同時，旅行中把黃金給一沙門，也有疑問。這可能是以他為龍樹之弟子，而為要把「龍智現存」的民間信仰使它具體化起見，後人把它作成為傳說罷了。以這種傳說或信仰為「本」，竟有人自稱說：我就是第二龍樹，或即是龍智，更有人藉名義於龍樹或龍智，而著出了書籍。此看現西藏大藏中，現存有「原屬於時輪教或左道密教而稱為是龍樹或龍智之著作的也不少」一項，即可窺其一斑。

（七）印度密教的末運

一．密教的分化與大眾化

正純密教於龍智、金剛智出現的第八世紀，已達發展之極點，不但集積了大乘佛教一切的精粹於茲，且能攝取民間信仰的諸神加以淨化，而在曼荼羅組織之下，構成了完整的一個大體系。它從第八世紀後半，漸分化並大眾化，一面失去其統治，另一面俗化及頹廢。後來，竟變成了完全與婬祀邪教無所分別的左道密教。

二．因陀羅部底的密教

形成其大眾化的魁，是因陀羅部底(Indrabhūti)王的密教。此因陀羅部底是「鬱地耶那(Uddiyāna)即「俄里薩(Orissa)」國的王，他是初傳密教於西藏的「蓮華生(Padma-sambhava)」之父。此因陀羅部底王乃是把密教使它大眾化、俗化的金剛乘(Vajrayāna)之祖，西藏大藏經中，把他的著作，譯出約有二十三部。其梵本之現存者，有收載於《成就法集(Sādhamamālā)》中的「拘婁拘羅成就法(Kurukullāsādhana)」，和其他未出刊之「智慧成就(Jna-nasiddhi)」。據其「智慧成就」看，人只依「五禪那佛」，即：大日、阿閦、寶生、彌陀和不空成就五佛之智慧，始能到達解脫之境。如無此智慧，則是徒結誦「印真言」，即使造立曼荼羅，亦無任何效果。若有此智慧，設使食肉或以女色為事，亦能達到菩提。但為得此智慧，必須直接近師匠(Guru)，受其指導。其智慧乃不外「大圓鏡智」、「平等性智」、「妙觀察智」、「成所作智」和「妙清淨智」五智。以此五智，鎧身而行者，應觀自身及其他一切事象為「空性(Cūnyā)」，除了自己之外，不可崇拜任可物。又說：不論食物之如何，不禁任何種類之女人，為要成就「二根交會的大印(Mahāmudrā)」起見，不妨獎勵使用如旃陀羅(Candāla)賤族之女，應認為沒有勝於自己體驗之真理，處在任何場合，均不可心亂。

三．邪道化的金剛乘

從正純密教的立場看，鼓吹成就這二根交會的印，似乎完全是墮落於邪道的，但站在鼓吹這個的立場看，在有限的現實世界，來驗無限絕對的世界，而欲實現這個的，即是密教。那末，例如俗界的性欲，卻也不必勉強來排斥它，還是在這「愛欲」裏，來觸及無限的「絕對愛」好。此即是以「愛欲」而制「愛欲」，轉「小愛」為「大愛」

的原因。此乃被信為是由夫婦關係而成立的家庭宗教。而且，這才是最簡易的密法。但此結果，倒亢進性欲，而使精神力量衰弱，與其說是物質的精神化，毋寧說是墮落於精神的物質化為常。加上，此金剛乘的宣傳，易入俗耳，邪道化的金剛乘經由「俄里薩(Orissa)」而普及於Bengal地方。至於第八世紀中葉，波羅王朝(Pāla-dynasty)興起於此地時，它乃得到此王朝的庇護，因此邪道化的金剛乘，更加呈現出極其繁盛的狀態。

四．波羅王朝的庇護

波羅王朝為東印度Bengal及摩揭陀(Magadha)國的統治者，而哥波羅(Go-pāla)立王位，乃是此王朝之始祖。此王是金剛乘教的保護者。因此，他於其首都「鬱旦達波羅(Uddanda-pura)」建立一寺，叫做「烏顛頭寺（Uddandapura西藏名Otantapur）」。繼此「哥波羅」而就位的，是「達磨波羅(Dharmapāla)」。至於此王時，國威振四鄰，其領土之廣大，達至東自阿沙姆(Assam)，西至乾陀羅(Gandhāra)，北自雪山，南至「賓耶(Vindhya)」山之廣。此王比其父王哥波羅更尊信金剛乘，於摩揭陀國北方，恒河東岸，建立毘玖羅摩斯羅(Vikramacila)大學，以茲為金剛乘之根本道場，將其教法，宣揚四方。

五．毘玖羅摩斯羅大學

毘玖羅摩斯羅大學有五十個學舍，常收容百八人學匠(Pandita)，中央有一大佛殿，其側有百七聖廟，由墻壁以圍繞之，而其墻壁，平常特別揭出有名學匠肖像。此大學之創立者達磨波羅王(Dharmapāla)當時，「佛智足(Buddhajnana-pāda)」為其大學之頭人。入此大學學習，而其成績優良者，給予學位及資格證書，特別優秀者，被選為此大學之六門護者。六門護者，是守護此大學東西南北四門及中央二門的大學匠。當時，印度教的學者，常來挑弄問答，而此六門乃是為要應付這些挑戰的機關(施設)。由東方而來者，東門的護者應付之，由其他方向而來者，由其各方之護者應付之。四門護者若戰敗，守護中央二門的大學匠立即出來論戰。守護中央二門者，叫做此大學之二柱。金剛乘的學者同時是大行者，當任此職。此大學創立以來，繁榮至第十三世紀初，故傳密教於西藏，而翻譯其經的印度僧，大部分是在這毘玖羅摩斯大學受過教育的。

六．提婆波羅王與爪哇密教

繼創設「毘婆羅摩斯羅大學」的達磨波羅(Dharmapāla)而就位的，是提婆波羅(Deva-pāla)。提婆波羅王時代，是波羅王朝全盛期，其領土殆亘及全印，北自雪山，南盡大海，東西亦亘及於海而海云。此王與爪哇的力子天王(Balaputra-deva)之間，交際濃厚，由此因緣，以毘玖羅摩斯羅大學為中心的金剛乘教，亦伸羽翼於爪哇，竟基於「金剛乘」，而建設震驚世界的「薄落不諸兒(Boroboudour)大塔於彼地。後來於爪哇，金剛乘教及大乘教頗呈繁榮。此事，徵於如下事蹟，亦可窺知一斑，即：生於第十世紀後半（西元九八〇），而做了毘玖羅摩斯羅大學「學頭」的「阿雞闍(Atica)」，他來到金地國(Svarna-bhumi)（即爪哇島），十二年間，在此地就「法稱(Dharma-kirti)」而磨勵學業，然後入西藏，以傳其法的事蹟，就是這個。

七．時輪教的構成

將此大眾化的金剛乘，再加以體系化的是時輪教，時輪(Kalacakra)是被過去、現在、未來三時所限制的「迷界」，而以超越時間空間的本初佛(Adi-buddha)的思想來解脫此迷界，這種教法叫做時輪教。本初佛是宇宙一切的根本，而且是原初的一大生命體，此能為一切根源，又能主宰一切。這個本初佛，一名叫做「自然生(Svayambhu)」或「持金剛(Vajradhara)」或「金剛薩埵(Vajrasattva)」，又一名云「五智的我性(Pancajnanatmika)」。由此五智與「禪那(dhyana)」合一、相應，而發現毘盧遮那、阿閦、寶生、無量壽和不空成就五佛，故此五佛，亦稱為「五禪那佛」。以此五禪那佛為根本，現種種變化身，不惟是現慈顏微笑的佛菩薩，為要摧伏教敵起見，亦能變現為「卡利(Kali)」、「白拉婆(Bhairava)」、「黑婁迦(Heruka)」等獰猛的忿怒形相。「香婆羅(Cambhara)」國的王子「月賢」，他於天竺馱那羯磔迦(Dhanya-kataka)大塔，從佛聞法，後來將其所得，編集而成的，乃是「時輪根本儀軌(Kalacakra-mulatantra)」，以此「根本儀軌」為根本而組織的，乃是「時輪教」。

八．時輪教的傳播

據「他拉那達」的《印度佛教史》看，這個時輪教，是波羅王朝的摩醯波羅王(Mahipala)時代，從「香婆羅(Cambhara)」國而輸入於東印度或中印的。再據「波得摩迦波(Padma-dkar-po)」的佛教史(Chos hbyung)看，裏面乃說：最初，是叫做「雞婁(Tsi-lu)」的學匠(Pandita)，來到中印度那爛陀(Nālandā)，宣傳時輪教的。據它說：「雞婁」學匠畫了十大護的神像，加上寫了一種宣傳文，而把這個貼在那爛陀的門戶，其文句如下：

不知本初佛(Adi-buddha)者不知時輪教(Kala-cakra)，不知時輪教者不知標幟的正說，不知標幟的正說者不知持金剛(Vajradhara)的智身(Jnana-kaya)，不知持金剛的智身者不知真言宗(Mantra-yana)，不知真言的一切人是迷者，即是離開世尊持金剛之道的。是故，真實的諸師，不可不教此最上的根本佛(Paramadya-buddha)，而欲得解脫的真實諸弟子，不可不諦聽之。

見了這貼紙的那爛陀的五百個學者，雖與雞婁學匠論戰，但都立即被論破而歸伏其足下。爾來，以此本初佛思想為中心的時輪教，終於弘通於中印度一帶。

九．印度密教的滅亡

正純密教，它雖如此漸俗化、變形，竟成為左道金剛乘，或變為時輪教，但卻由於波羅王朝的保護，到第十二世紀末為止，仍能盛行於東印度或中印度。可是，至於第十三世紀初（西元一二〇三），回教教軍襲印度，波羅王朝滅亡，故依其保護而存在的金剛乘或時輪教，也立即展開了悲慘的命運。例如密教徒根本道場的毘玖羅摩斯羅大學或烏顛頭寺(Uddandapura)等，即時被破壞，住在那裏的僧尼，或被虐殺，或逃亡他方等，密教忽然從東印度或中印度消失其姿態。從這些地方逃出的金剛乘或時輪教的學匠，除了入尼泊爾(Nepal)或西藏以宣揚密教之外，有的乃逃到訶陵國(Kalinga)，毘遮夜那加羅(Vijayanagara)、空康(Konkana)等地，依靠信者的同情和援助，各自建設學舍，而留存於賓加爾(Bengal)或摩揭陀(Magadha)地方的人，乃由種種方法，潛在地下，數世紀之間，似尚保存其餘命。

【二】中國的密教

（一）中國密教的由來

一．善無畏來唐以前的密教

物之所成，必有由來。第八世紀初，善無畏三藏，雖初傳正純密教於中國，但若無種消化或受容的準備，儘管善無畏怎樣宣揚密教，其時代之人，是沒法心得它的。因此，在正純密教渡來之前，就是片斷的傳來也好，究竟傳入或傳播有怎樣的真言密法，以作成了經得起信受綜合正純密教的機運（機緣）呢？這是有觀察的必要的事項。

二．真言密咒的渡來

佛教自後漢明帝初傳於中國，經過百餘年，靈帝光和二年（西元一七九），富有密教色彩的《般舟三昧經》，雖被支婁迦讖(Lokaraksa)所譯出，但卻尚無真言密咒。到了三國時代（西元二二二—二八〇），竺律炎或支謙等才譯出了說著真言密咒的《摩登迦經》或《華積陀羅尼神咒》等經，但當時佛教尚未配人心，所以真言密咒也僅被介紹到中國來，似未達至實修的階段。

三．咒術密法的傳播

至於東晉時代（西元三一七—四二〇），佛圖澄以咒術，而得後趙「石勒」的歸依，於其門下，竟出有「道安」、「慧遠」等很多秀才。於是，佛教才被中國人所了解，而普及於民間。那時，有「帛尸利密多羅(Crimitra)」者，譯出《大灌頂神咒經》。而且他善能咒術，其所向處，皆有靈驗，由於其感化，東晉首都「建康」乃盛行咒術云。又，「曇無蘭(Dharmaraksa)」亦自太元六年（西元三八一）至太元二十年（十五年間），在東晉揚都，譯《時氣病經》、《咒齒經》、《咒目經》、《咒小兒經》、《龍咒水浴經》、《請雨咒經》、《止雨咒經》、《咒水經》、《藥咒經》和《咒毒經》等經典，大宏誦咒密法。再就北方地帶而言，「曇無讖」，他雖是中印度人，但以咒術而聞名於遠方西域。玄始元年（西元四一二），他受北涼蒙遜迎請，顯示神異（神變）。同時，又譯出「大集」等經。在這大集經中，雖未直說及真言密咒，但卻與戒、定、慧三學（或三藏）並肩，強調陀羅尼藏的威力，以此為菩薩的瓔珞莊嚴。當時，元魏太武帝，願動武力，而欲迎請通達此咒術的曇無讖來國，而將此通告於蒙遜。蒙遜國力弱，難以拒絕，但又想到：曇無讖的咒術有利於敵國。於是，遂以陰謀而殺了曇無讖。由此而觀，即可推知：以咒術為基調的真密法，是怎樣地盛行於中國南北一帶。

四．密法事相的發達

至於魏文成帝時（西元四五二—四七〇），曇曜於距北代京西北三十里的武州山，即：現在的雲岡，開了石窟五所，名為靈巖，而於其石窟之一的通樂寺，譯出《大吉義神咒經》四卷。於此《吉義經》裏，始有設咒場的結界法。又，說有祈雨求寶、隱形（隱身）、使用夜叉等種種成就法。當其行成就法，如欲祈求雨或寶，就要供養娑伽羅王；如欲停止風雨，則祈求毘浮沙羅剎王；如欲使用諸夜叉鬼神，乃依四天王等；及由其所求目的之不同，其所崇拜的本尊亦不同。這和「從來只由祈願的不同而其密咒也不同」相比，再進一步，形成諸尊法之魁。而例如其壇法，亦大有發達。

至於梁代（西元五〇二—五五六），乃已譯出有《牟梨曼陀羅咒經》。後來的咒法，是單捧香華於佛前，以誦咒而已。但至於此咒經時，才說有印契之事。同時，又開示了整備的「護摩法」及壇上畫諸尊事項。

五．密法內容的進化

經由陳（西元五五七—五八〇）、隋（西元五八一—六一七）而至於唐朝時代，貞觀年中（西元六二七—六四九），北天竺僧，奉進了《千眼千臂觀世音菩薩陀羅尼神咒經》的梵本，太宗乃勅大總持寺沙門「智通」，令他譯出該經。真言密教傳來中國，其所譯出或被介紹者，雖是不少，但皆以成就消災招福等世間的欲望為目的而已。可是，至於此《千眼神咒經》，始以速得成佛為所願之極點，而說著「滅罪印」或「成等正覺印」等法這是很明白，表示著「願意的向上」和「密法內容的進步」的。

至於永徽四年（西元六五三），智通所譯的《觀自在菩薩怛縛多唎隨心陀羅尼經》裏，始說有本尊觀、字輪觀和種子觀等等，如實表示著：從物欲祈禱而進至精神祈禱或「解脱的宗教」的領域。

六·諸尊法的完成

與此「智通」的譯經同時，阿地瞿多(Atikuta)乃從中印度踰雪嶺，涉沙河而來中國(唐)，永徽三年(西元六五二)正月，他抵達長安，由於勅令，而住於慈恩寺。

於是，沙門大乘琮等十六人，及英國公李勣等十二人，迎請阿地瞿多至城西的慧日寺浮圖院。於茲，建立了陀羅尼普集會壇，而從阿地瞿多受了灌頂。阿地瞿多自翌年永徽四年三月十四日起首，至於永徽五年四月十五日，譯出了《陀羅尼集經》十二卷。於此經中。不但始說有「三昧耶形」，同時又詳細記載有佛頂部、如來部、觀音部、菩薩部、金剛部、天部等諸尊的壇法，所謂「諸尊法」，可說是到了這裡，才告完成。

七·特殊陀羅尼的信仰

上面，主要是從經典的翻譯而概觀中國密法的渡來、傳播和發達等情形的。在這些經典裏所雜說的很多真言陀羅尼中，究竟是哪一種陀羅尼最廣泛被普及於民間呢?其特別普遍的，是阿彌陀如來的根本陀羅尼。此陀羅尼，由於中國南北朝以前的耶舍三藏而口授於天平寺的銹法師，而劉宋的求那跋陀羅始將此陀羅尼音譯為「拔一切業障根本得生淨土神咒」時，才廣弘於天下。據《阿彌陀不思議神力傳》及《三國傳記》等書看，梁朝（西元五〇二—五五六）的道珍禪師，最初念佛誦讀《阿彌陀經》，欣求西方淨土而不達其目的，但誦此根本陀羅尼，才遂行了往生的素懷云。以此傳說的鼓吹宣傳為原因，廬山念佛門的一派人們，亦似乎盛持此咒。其次，據《法苑珠林》看，隋大業之初（西元六〇五），譯出有「千轉陀羅尼」，而彥琮法師乃把它廣弘於天下。那時，長安延興寺的玄琬法師及弘法寺靜琳法師等人，建道場於別院，每年春初，集諸沙彌道俗，授此陀羅尼，念誦相續，不斷其聲云。因為，誦此千轉陀羅尼者，能消除過去業障，種植無量善根，於現在乃滿足所欲，命終後則往生淨土故。至於唐朝，儀鳳元年（西元六七六），北印度罽賓國的佛陀波利，參詣於山西省五臺山而逢神人，依其指示而再歸回印度，花了七年的歲月，請來了「佛頂尊勝陀羅尼」，與日照三藏共同把它翻譯，而流布於天下。以此佛陀波利的神秘事蹟為動機，其陀羅尼立即普及天下。此事，據武徹的《加句靈驗佛頂尊勝陀羅尼記》等書看，亦可推察之。

八·正純密教

如此，雖是片斷，但真言陀羅尼或其密法已傳播於中國，而其信仰，深刻浸潤於人心，正在釀成正純密教將發生之時，幸由於善無畏與金剛智三藏，而將組織有獨立體系的秘密佛教，傳來中國。

（二）金善兩三藏開拓

一．金剛智與善無畏

正純密教由於金剛智和善無畏兩位三藏，才從印度移植於中國，於是開拓了真實的中國密教的基礎。今以此兩位三藏的「傳歷」為背景，來窺觀中國當初的正純密教的情形。

二．善無畏的出生與其家系

善無畏三藏的梵名叫做「戍婆揭羅訶(Cubhakara-simha)」，略稱亦云「輸波迦羅(Cubhakara)」，真譯為「淨師子」，義譯為「善無畏」。他於西紀六三七年，唐太宗貞觀十一年，即於日本舒明天皇第九年，出生於東印度烏茶國(Udra)。其家系，遠出自釋迦的叔父甘露飯王(Amritodana)，所以他是釋迦種族的後裔。其祖先曾為「摩揭陀(Magadha)之王，但因國難而另開為烏茶國(Udra)，即今之俄里薩(Orissa)之王。其國有一王，名為佛手(Buddhahasta)，政治頗佳，愛撫庶民，頗得國民崇仰。善無畏乃是這佛手王的皇子。

三．其登位與出家

佛手王崩御，依其遺命。從諸王子中，特拔選善無畏登王位。時，善無畏齡僅十三歲云。善無畏善守父王遺志，施行仁政，故得軍民之愛戴。然，諸兄嫉妒其「能」，終於起兵反亂。善無畏欲鎮定它，但流箭及身，頭頂受傷。諸兄的暴動，固不可容允，但他還大赦其罪，竟將王位讓其兄，自己乃將欲出家之意，告其母后與羣臣，決然委身於佛道。

善無畏退位之後，南行而至海濱，修法華三昧，次依水路之便，遊歷諸國，秘密修行禪觀。然後再由陸路而入中印度摩揭陀國，欲見國王，而其王妃，乃係善無畏之姊姊，故其國王、王族，均篤敬善無畏，特別優待。時，那爛陀寺(Nālandā)有叫做達磨笈多(Dharma-gupta)的人，通達密教，已得悉地，屢現不思議境。善無畏乃投身拜他為師，專心研究密教奥義，即日受灌頂而為人天之師，被稱為三藏。從此，巡錫大覺寺、靈鷲山等聖蹟，駁擊了跋扈於印度當時的種種外道。有一日，達磨笈多曰：「汝與震旦有緣，應往而度之」。於是，善無畏三藏乃服師命，踏上了中國開教之路程。

四．中國開教的旅程

途中，他從迦濕彌羅國(Kacmāra)出至烏杖那國(Udyāna)，越印度國境諸山，入中央亞細亞，達至於突厥可汗所居住的「素葉城(Sūyab)」而講《大日經》，通過當時「吐蕃(西藏人)」勢力範圍內的天山北路，而到西州。先之三藏東行之說，流傳於中國，睿宗皇帝乃勅僧「若那(Jnāna)」及將軍「史獻」，出至玉門關以迎他。如此，玄宗皇帝開元四年(西元七一六)，他以八十高齡，才到達長安。

五．其譯經事蹟

時，帝勅他住於興福寺南院，後移至西明寺。翌開元五年，更移至菩提院，從事翻譯，奉請通達梵漢的學僧參列譯場，而於該年，譯出了《虛空藏求聞持法》一卷。開元十二年(西元七二四)，他奉詔跟鳳駕入洛陽，住於大福先寺。自該年至翌十三年，他與沙門「一行」共基於「無行」請來之梵本，而譯出了《大日經》七卷。同時，沙門一行也從三藏親聞此經口訣，而撰《大日經疏》二十卷。這是密教無二之寶典。翌十四年，再譯出了《蘇婆呼童子經》、《蘇悉地羯羅經》各三卷。

六．其入滅與付法

開元二十年（西元七三二），善無畏三藏欲回印度，但帝下優詔，不許其歸。於是，開元二十三年，三藏罹疾，該年十一月七日，奄然示寂，享年九十九，僧臘八十。就善無畏三藏受法者，有嵩陽寺一行阿闍梨及溫古、智儼、義林、新羅的玄超和不可思議等人。這些弟子，侍殯宮六年，開元二十八年十月三日，將其葬於龍門西山，再經五十五年，貞元十一年（西元七九五）四月十七日，建碑於其塔院旁邊，俗人弟子李華，撰文以明其事蹟。

七．金剛智的家系與其出生

比善無畏三藏來唐遲四年，即：開元八年（西元七二〇），金剛智三藏來華，與善無畏三藏並肩，宣揚正純密教於中國。三藏梵名，叫做嚩曰羅冒地(Vajra-bodhi)。他是中印度國王伊舍那靺摩(Lcana-varma)的第三皇子。當他來當時，天竺國王派遣將軍「米准那(Madhyana)」，將三藏薦聞（推薦）於唐朝，因之，人稱他為南天竺人。他生於西紀六七一年，即：唐高宗咸亨二年。

八．其出家、修學及佛蹟巡拜

年甫十歲，他出家於中印度那爛陀寺(Nālandā)，就寂靜智學聲明論，十五歲去西印度，留學四年，然後回那爛陀寺，二十歲受具足戒。從此，學習大小乘律、《般若燈論》、《百論》及《十二門論》，主要研究大乘空門教義八年，二十八歲，往迦毘羅城(Kapil-a-vastu)，就勝賢論師學習《瑜伽論》、《唯識論》及《辨中邊論》，研究大乘有門教義三年。三十一歲，他往南天竺，就龍智(Nāga-bodhi)阿闍梨學習密教七年，研究《金剛頂瑜伽經》、《大日總持陀羅尼經》等經典，而達其奧義。於是，他告辭龍智阿闍梨，回中印度，再巡錫佛蹟靈塔。

九．南天竺的歸依和錫蘭巡錫

時，南天竺的摩賴耶國(Malaya)氣候不順，大旱波及於金剛智三藏身邊。其王「捺羅僧伽補多靺摩(Narasimhapotavarma)」，迎請金剛智三藏至宮中，請他求雨(祈雨)。三藏丹誠請雨，結果有效，天降大雨。於是，君臣皆尊信金剛智，為他建立一新寺，令三藏住宿於茲。三藏住此三載，此間，登印度南端摩耶山脈之一的補陀洛山(Potalaka-giri)，參詣於觀音靈場，不圖而蒙告，故決於中國開教之志。次得摩賴耶國王的勅許，與弟子僧俗六人，共渡於錫蘭島，入其首都阿奴羅陀城(Anuradha-pura)。國王厚遇三藏，住於無畏山寺(abhaya-girivihāra)半載，更登楞伽山，禮山頂佛足石，又巡歷島內諸寺，前後住於錫崙島一年。然後，回南天竺摩賴耶國，奏國王以中國開教之大願，不久即得允准。

十．經由海路而來唐

三藏告辭捺羅僧伽補多靺摩王(Narasimhapotavarma)而欲東行時，王乃派遣摩都耶那將軍，與三藏同行，攜帶《大般若經》梵本，七寶器具及很多禮物，貢獻於唐朝。三藏告別而搭船，一日一夜而抵錫蘭，受室里室邏(Cri-cila)國王的厚遇，住王宮一個月，然後渡航一月，而達佛逝國。時，被惡風所妨，空住五個月，而後才北進而入中國海。那時，又被暴風所襲，同行的商船，皆受大風而破，獨有金剛智三藏所乘商船一隻，得免其難。據云：那時，金剛智三藏所帶《金剛頂經》梵本，竟被無智的水夫投棄於海中。如此，出發以來約費三年歲月，至於開元七年（西元七一六），三藏才抵達於大唐廣州府。時，該地節度使，艤小舶數百隻，載官民二、三千人至海濱，迎接三藏。而於開元八年，才到東都洛陽，得親自謁玄宗皇帝。

十一．其譯經及教化

從此，他為大唐國師，隨鳳駕而來往洛陽長安之間，而從開元十一年起，開始翻譯他帶來的梵本經典。先於長安資聖寺，與沙門一行、弟子不空共譯《金剛頂瑜伽中略出念誦經》四卷，爾來繼續翻譯，宣揚密教，精進不怠。而他所住的寺，必建金剛界大曼荼羅的灌頂道場，為四眾而授灌頂，或依勅令，為國祈雨，或為公主加持疾病等等，施諸教化。

十二·其入滅與付法

開元二十九年(西元七四一),他奏請欲回其國,而於七月二十六日,得到允准。可是,旅至於洛陽廣福寺時,竟罹疾病,終於八月十五日,奄然遷化,世壽七十一,法臘五十一。九月五日,由於勅命而葬於龍門,天寶二年(西元七四三),建塔於龍門,逸人混倫,撰文而刻其傳歷,其灌頂的俗弟子杜鴻漸乃作碑文,中書舍人「呂向」則撰其行記。他的正嫡弟子,除了不空之外,還有一行、慧超、義福等人。

十三·正純密教的基礎奠定

如此,金剛智三藏經由海路,善無畏三藏經由陸路,而殆同時來錫於中國,協力宣揚正純密教於此地(中國),翻譯種種經典。同時,實地修行,顯示其靈驗。因此,上下齊舉,歸仰於兩三藏,正純密教的基礎,更加堅實。

（三）不空三藏的興法

一．不空三藏的地位

把正純密教移植於中國，而開拓其基礎者，當然是善無畏和金剛智的功績。但繼承其草創時代的正純密教，使它發揚光大，身為玄宗、肅宗、代宗三代之帝師，集宮廷百官之歸仰，不惟宣揚正純密教於洛陽長安人士之間，而且南自廣州，北至武威(甘肅省武威縣)、太原(山西省陽典縣)乃至五臺山(山西省五臺縣)，廣泛弘布正純密教，以使現出中國正純密教的黃金時代者，完全是不空三藏的力量。

二．不空的生歷

不空三藏是西域人，其父是北印度婆羅門族，其母是康氏。所謂康氏，是附在康居國，即颯秩建(Samarkand)人之姓，所以他的母親，可能是康居人。因此，不空為印度人和康居人中間的兒子，生於西紀七五〇年，即：大唐神龍元年之十二月。他幼年即失其父，而被育於母兄弟的叔父之家。本來康居人以商業為主，而與中國之來往也頻繁。所以，開元三年，不空乃被其叔父帶至甘肅省的武威(時十歲)，到了十三歲時，再遊於山西省的太原，繼之入於長安，開元七年，十五歲時，不空才逢到來至於此的金剛智三藏，自發的投為其弟子，就於本師而出了家。

三．其修學與受法

據云：不空就本師金剛研討了《聲明論》（Vyākarana，梵語文典），而將應學十二年的東西，僅費六個月而畢業之。他聰明博學，通達諸國語言，能讀異國之書，當其師金剛智譯經時，常侍其側，據譯語之任。開元十三年，二十歲而受具足戒，為要體會正純密教的玄奧，三年之間，再三對其師懇求其口授，但其師不允，終於決意欲往印度求之，既已出發，而達至於長安城東方的新豐（陝西省臨潼縣東十五里）宿舍。時，他的師父夢見「長安佛菩薩悉皆東行」，驚醒而知不空之密器，趕快叫不空回來，把正純密教所有的玄旨，悉皆傳授給不空。

四．其入竺求法與請梵經

開元二十九年（西元七四一）金剛智圓寂。不空奉其遺命，為要廣請密教典的梵本，立志入竺，得玄宗皇帝的允准，賚唐國信，天寶元年（西元七四二），先達至於南海郡，即：現在之廣州。這是不空三十七歲的時候。然而，該地採訪使劉巨鱗來廣州，向不空請，欲受灌頂，不空為他建立灌頂道場於法性寺，對劉公及四眾，普結授予灌頂之緣，而浴其化益者，上億千云。如此，其年十二月，不空與其僧弟子含光、惠辨，俗弟子李元琮等，共乘崑崙商船，從廣州出發而向印度去了。船達至訶陵(Kalinga)，即：現在的闍婆(Java)近海時，逢到黑風，乘客戰戰兢兢，而不空三藏乃修持密法，把它鎮靜，航海約有一年，而達師子國，即：現在的錫蘭。國王尸羅迷伽(Cāla-megha)看了非常歡喜，以國賓之禮而優遇不空三藏，隨即請他住於佛牙寺。於此，不空逢到龍智阿闍梨，捧金寶錦繡，以披瀝其求法之懇忘。時，龍智曰：「示所寶者心也，非此寶也」，而即將正純密教的蘊奧，悉皆口授，而且給予十八會的《金剛頂經》及其他五百餘部的梵本密教經典。不空住茲三年，所求已達，故向國王尸羅迷伽等人告別，攜表文及由師子國王所進貢黃金、瓔珞、般若梵本、白氎等諸寶以及梵本經典一千二百卷，而於天寶五年（西元七四六）歸唐，報答於玄宗皇帝。

五．玄宗朝野的歸仰與韶州的留錫

玄宗勅令不空住於鴻臚寺，繼之請他至宮中，設內道場，親自受了灌頂。然後，請他移住於淨影寺。他的衣服臥具等四事，皆由勅令而供給。宰相近臣等，接踵往來，奉詔而譯密經，開灌頂壇以度四眾，士庶雲集如星，來問佛道。不空由於勅令而請雨（乞雨）或修止雨之法，隨念而有效驗，故帝乃益加歸仰，自持寶箱，賜紫袈裟一領，帝以親手而披著於不空身上，同時又給予「智藏」之號。天寶九年（西元七五〇），帝以勅而准許不空再往印度探經，不空即發自長安，向廣州啓程，但在途中，終於得病於韶州（廣東省曲江縣西），竟無辦法前進。但不空尚停於此地，雖在病中，手卻不離經卷，被弟子扶助，而從事翻譯。

六．西河的教化與譯經

天寶十二年（西元七五三），河西節度使「哥舒翰」奏上，請准予迎不空至河西之地，欲以恩浴法益。於是，玄宗乃下令於韶州，把不空召還於長安，請他住宿保壽寺，問勞殷懃，靜養月餘，至於翌十三年，不空乃赴河西武威城（甘肅省武威），住開元寺。節度使哥舒翰，奉迎不空，供養四事，而且三請欲受灌頂。於是，不空乃建立灌頂壇，對哥舒翰及其他士庶數千，授予灌頂，又為其弟子僧含光，授五部之法，對於功德使李元琮，亦授予金剛界大曼荼羅之法。那時，又由於哥舒翰的懇請，為國家而譯《金剛頂一切如來真實攝大乘現證三昧大教王經》三卷，而李希言筆受之。其他，在此地又譯了《菩提場所說一字頂輪王經》五卷、《一字頂輪王瑜伽經》一卷和《一字頂輪王念誦儀軌》一卷。

七．肅宗帝與不空

天寶十四年七月，安祿山叛變，哥舒翰依勅而鎮潼關。翌十五年五月，不空奉勅而歸長安，築壇於大興善寺，專注於轉禍攘災之法。潼關失手，胡馬入關，玄宗蒙塵而赴蜀之成都，太子登位於靈武（甘肅省寧夏南），改年號為「至德」，此即是肅宗皇帝。不空在長安雖淪陷於賊中，但卻竊遣密使給肅宗，申述報國誠意，而肅宗亦向不空密遣使者，以求密法。此時，不空預言收京反正之日，結果不違其預言。至德二年正月，安祿山竟被其子「慶緒」殺死，次則收回西京及東京。十月二十三日，肅宗還御（歸回）於帝都，翌日不空乃奉呈賀表；而於十二月一日，玄宗上皇由成都回京時，不空亦表賀之。乾元年中（西元七五八—七五九），建立道場於宮中，為肅宗帝而授予轉輪王的七寶灌頂。

八．代宗帝與不空

寶應元年（西元七六二），玄宗上皇及肅宗皇帝均崩御（死），而其四月二十日，代宗帝登位。同年十月十三日，當代宗天長節（生日）時，不空為要宣揚國威和祝福寶壽長久起見，獻上白檀雕刻的摩利支天像一軀和梵字的大佛頂陀羅尼。摩利支(Marici)表示威光，佛頂等於百王之首，故均合適於祝福天朝之用。因此，帝乃特別嘉納（接收）之。

九．不空與其教化事業

不空不但於其所住之長安大興善寺專心譯經，且自廣德元年（西元七六三）以來，於每年夏季及正、五、九月，均開灌頂壇，教化文武百官以及廣眾，尤其是大興善寺裏，乃令常住大德四十九人，宣傳密教，毫無懈怠。又，進出於北方，移植密教於山西省五臺山，而該地至於後代，仍為密教中心地點之一，其功績彰彰，光輝於古今。

十·不空與五臺山

考不空移植密教於五臺山的由來，乃始自捨己衣鉢之資，得朝廷保護，而營造金閣寺於此靈地之時。金閣寺，是唐開元二十四年(西元七三六)，衡州(浙江省衡縣)之僧「道義」來此山，而感見金壁燦爛之三層寺，欲建其所感見之堂(結構)而不成。繼之，澤州(山西省晉城縣)僧「道環」欲繼其志而欲動一時，不空親自撥出自己衣鉢之資以助其一程，而且上表給代宗帝，懇請其營造。結果，奉勅而創此寺。同時，印度那爛陀寺(Nālandā)僧「純陀」監督其一程，而於大曆初，寺成，然後賜給不空的。不空令於五臺山修功德之弟子「含光」參與此寺經營，整頓殿宇配置，今作諸尊形像，欲作真言密教之道場。除此金閣寺外，不空又建玉華寺於此五臺山靈地，而在此二寺完工後，亦不斷盡瘁於密教之興隆。大曆二年(西元七六七)，上表奏請設置各二十一人僧額於金閣等五寺，而獲勅許時，乃以弟子「含光」為眾徒之上首，以統裁一切教務。

十一．不空與太原之地

大曆五年（西元七七〇）夏五月，不空以六十六歲之老軀而從長安來至五臺山，為國修功德，而當其成滿時，代宗下勅，為了不空，設一萬人之齋於太原，且下勅書給不空，厚犒其勞。這太原是不空幼年時曾遊過之地。同時，是唐高祖李淵之發祥地。不空在此太原至德寺裏，置文殊院，常住十四大德，以為宣揚密教之地方道場。又於唐高祖始號令天下之地的「號令堂」裏，安置普賢菩薩像，選十四個僧人，於其設有淨土院灌頂道場之處，為國常誦佛頂尊勝陀羅尼。

十二．不空譯之入藏

大曆五年九月，不空從太原欲回長安時，用帝親乘之車以迎接他，他雖堅辭，但卻不管，遣中使出至城外而迎接他。同時，賜新勅書，問勞極其慇懃。大曆六年十月十三日，當代宗帝誕辰之日，不空製成開元以來自己所譯經典七十七部一百零一卷之目錄，奉獻於帝。帝乃下勅，將之宣示於中外，立即把它編入於一切經錄中。

十三．不空入寂與其付法

大曆九年，自春至夏，不空臥在病床。勅使屢次慰問，侍以名醫。當其病重時，代宗不安，宸襟甚惱。六月十一日，親自駕臨於臥房，任他（不空）為開府議同三司。同時，封他為肅國公食邑三千戶。不空雖是堅辭，帝卻不許。六月十五日，不空獻上臨終表及從本師金剛智所傳承之五鈷鈴杵等法器，以陳哀戀之情。翌日，右脇累足，恬然示寂。世壽七十，法臘五十。朝野如失父師，代宗帝宸悼，廢朝三日。七月五日，帝勅贈「司空」，諡他為「大辯正廣智不空三藏和尚」。七月七日，荼毘於京城之南「少陵原」，弟子「飛錫」撰「碑文」及「影贊」。八月二十三日，從其荼毘所得八十粒舍利，而建舍利塔於大興善寺。建中二年（西元七八一）十一月，俗弟子「嚴郢」為之撰「碑文」，「趙遷」又記不空三藏之行狀（經歷），以明其芳躅。很多不空的弟子之中，金閣寺含光、新羅的慧超、青龍寺的惠果、崇福寺的慧朗、保壽寺的元皎和該寺（保壽寺）的覺超六人，被稱為六哲。

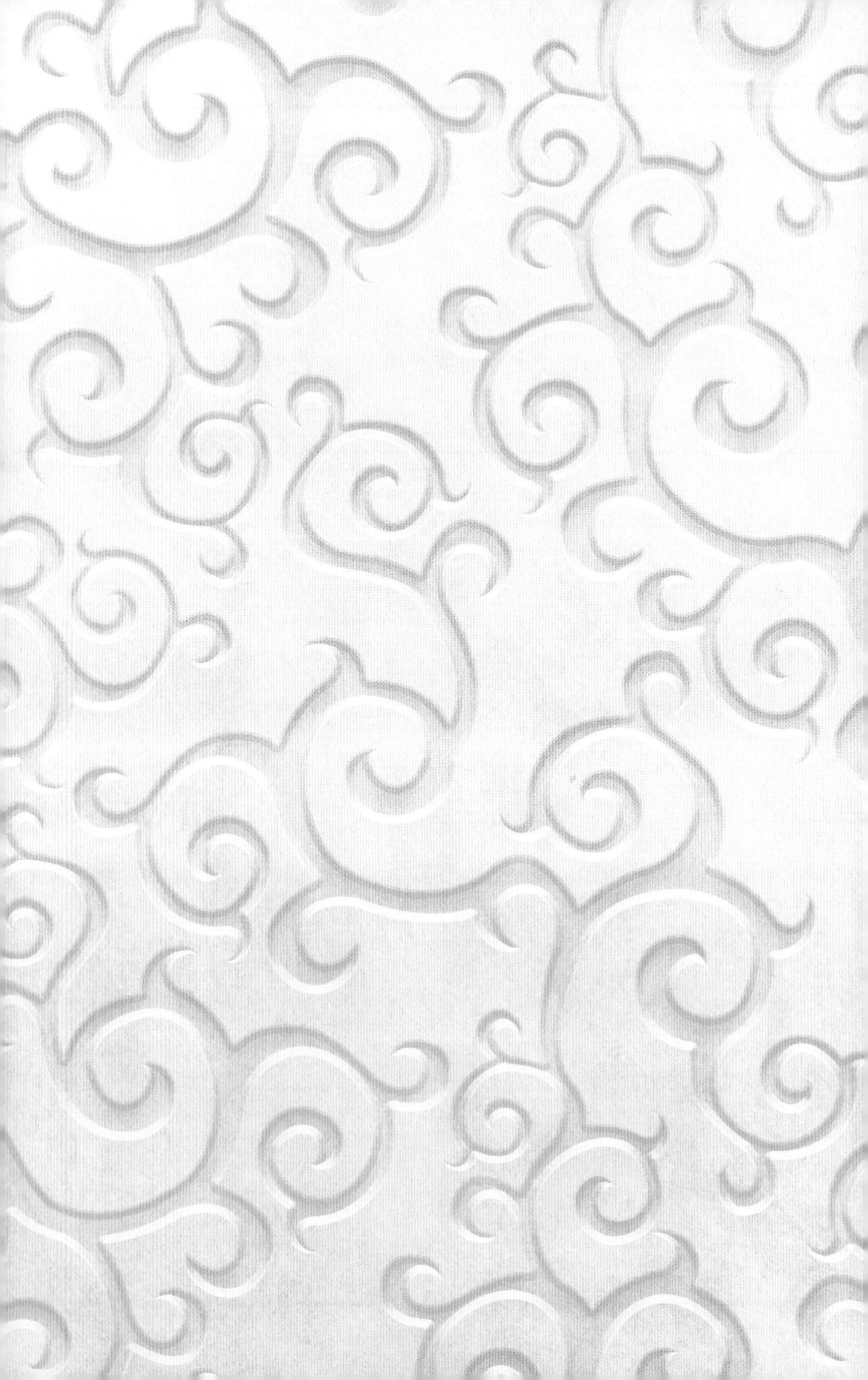

（四）惠果和尚的弘傳

一．惠果的地位

不空寂後，高徒「含光」入五臺山，專心修習功德，傾心傳法，所以「慧朗」乃董理「不空」所住大興善寺，檢校翻經院，同擔教授後學之任。而慧朗亦終於似乎示寂於大曆十三年(西元七七八)。繼其後而登師位，統率已傳播之唐朝密教。同時，把密教弘傳於朝野(官民)者是惠果。惠果不但由於修法的靈驗或由於灌頂的儀式而專心化度人眾。同時，對育英之事，亦有甚深之致意，教養異國之人。例如：訶陵國(Kalinga)即南洋爪哇之辨弘、海東新羅的惠日、極東(遠東)日本的空海等等，均為其教徒。他專心弘傳密法。結果，教線延及遙遠的海外。例如：今日在日本能維持純粹密教的生命，全是惠果教化力量所使也。

二．其出生與就師

惠果俗姓馬，西紀七四六年，玄宗皇帝天寶五年(即是日本聖武天皇天平十八年)，生於唐京兆府照應(長安東方新豐—臨潼)。他九歲而入於不空弟子的「曇貞」之門，一日他與曇貞共見不空，而不空驚說：「此兒乃係密藏之器，必興我法」云。

如此，不空愛撫惠果，不異其父母，終於把大佛頂大隨求之梵本及普賢行願、文殊讚偈等，口授給他。身為入門之師的「曇貞」，他常在「內道場」專心持念，所以惠果乃不易就他（曇貞）學習密法。因此，以後他（惠果）乃就不空學密，十九歲時，入學法灌頂之壇，投華得佛，得了轉法輪菩薩。時，不空告惠果曰：「我於南天竺散華而得此尊，無異於汝今，汝於我後，弘傳秘密大教，無異於我」，他深囑望於惠果，由此可知。

三．其出家受戒與傳法灌頂

大曆元年，惠果滿二十歲（生年二十一歲）而以「曇貞」為戒師，剃染於青龍寺大佛殿，受具足戒於慈恩寺道場，更從不空學習兩部大法，入於傳法灌頂之壇。那時，本師不空告惠果曰：「吾百年之後，汝應持此兩部大法，護持佛法，擁護國家，利樂有情。此大法於五天竺國亦甚難得，一尊一部亦不易得，何況兩部。所有弟子，其數雖多，亦不過或得一尊或得一部，今愍汝聰利精勤，許以兩部。應努力精進，以報吾恩」云。翌大曆二年（西元七六七），惠果二十二歲而就善無畏三藏弟子「玄超」

再學胎藏之法，入佛門來十餘年，出家二年，就被傳授密教一切奧義，而成為秘密瑜伽之大導師。由此可知，惠果非凡法器之程度。

四．其祈禱靈驗

大曆五年，惠果二十五歲時，代宗帝聞及惠果法驗之異於眾，特別迎他來宮中以驗之。惠果依法，加持童子，次白帝曰：「法已成，隨聖意問」。帝下座問童子，童子乃說三世之事，而且詳細以帝王曆數說之。大曆十一年，惠果為代宗及花陽公主祈禱病癒俱有靈驗。大曆十四年，登山西省五臺山，於其觀音台持念時，觀音薩埵現大身相於大月輪中，光明赫赫，恰如白日，集眾數百千人，遙共瞻禮之。

五．惠果與授法

建中元年（西元七八〇），惠果三十五歲時，訶陵國(Kalinga)南洋爪哇僧「辨弘」不遠千里而來，以投其門下。今尋其由來，辨弘在其本國爪哇時，修如意輪觀音的瑜伽而稍得了法力。忽聞大悲胎藏曼荼羅之法在南天竺，希望至切，竟由海路而向南天竺出旅。途中，有人問曰：「公往何所？」答云：「聞南天竺有胎藏之法，為欲受學而往」。其人云：「彼法不空三藏持去，傳在大唐。彼三藏弟子有惠果和尚，今現在青龍寺傳授之，若往其所，即得受學，否則難得」。云畢，即不見其人。辨弘依其神人指示，立即變更旅程，來至大唐青龍寺云。翌建中二年（西元七八一），惠果授金剛界之法給新羅惠日、悟真及義明、義滿、義澄等人。又於貞元六年（西元七九〇），再授灌頂給後為宰相的「杜黃裳」或「韋執誼」。自貞元九年（西元七九三）至十三年，又授法給義操、俗弟子吳殷等約五十人。貞元二十年（西元八〇四），為了弟子僧「義智」，建立了金剛界大曼荼羅於長安醴泉寺，以拚畢，手把香爐，口唱要誓曰：「我今如將所置尊位與法相應，請天即降雨」。諸弟子聞之，認為我師興敗盡在此時，一同代師流了冷汗。然而，法力有効，言畢，雷雨滂沱，從天下降。翌二十一年，日本弘法大師空海入惠果之門，將兩部秘法傳日本，無所遺漏。

六．惠果與空海

惠果付法之弟子涉及於國內外，非常之多。就中，可為正嫡者，可說是弘法大師空海。因此，惠果常告門人曰：「對訶陵辨弘和新羅惠日乃授胎藏之法，劍南惟上和河北義圓則授金剛大法，又對義明供奉乃授兩部大法。今有日本沙門空海，來求聖教，梵漢無所差，兩部秘奧無所遺漏，悉皆傳之，猶如瀉瓶」云。

七．其入寂與展墓

如此，惠果弘布密教四十餘年間，而於順宗皇帝永貞元年（西元八〇五），在西都長安青龍寺東塔院，顯示微疾，怕焉遷化。春秋六十，法臘四十。翌元和元年正月三日，俗弟子「吳殷」為恩師而撰其行狀，其十七日，葬於長安城東龍原不空塔側。我弘法大師空海在唐之日，被眾所撰，製成「碑文」，而且親自書之而建於墳墓。後來，經過二十年，敬宗寶曆二年（西元八二六），弟子義一，孫弟子深遠、義舟等，建塔於滻川側之表蘭村，移葬於茲。開成四年（西元八三九），我國（日本）仁明天皇承和六年正月十三日，代表日本真言密教眾徒，而且是弘法大師空海晚年弟子的「圓行」，他捧法衣、信物」，稽旨於惠果墓前恭誠披瀝孫弟子之意。

（五）惠果以後的唐朝密教

一．問題的所在

惠果寂後，至於唐朝末之間，中國的密教，其變遷究竟如何？它遭遇如何之法難而終於經過了怎樣的衰亡路徑？今對此問題，欲作一概括之敍述，以窺其一斑。

二．義明與義操

據惠果和尚的「碑文」看，繼惠果印璽而成為其正嫡者是義明。而其義明，不久似乎又死，而似無一付法者。反之同門的義操，卻有很多付法者。就中，義真、法全、文秘等，乃傳法給由日本入唐（弘法大師以後）求法之圓仁、慧運、圓珍、宗叡、真如等諸家，法化甚顯。

三．宮廷裏的勢力減退

元和年中（西元八〇六—八二〇），義操撰《胎藏金剛教法名號》一卷，其學乃究盡二密，其智乃達於五明，被稱為佛棟樑，法海舟楫。其所付法義真、法全乃通達兩部大法，令名遠聞。海雲乃於大和八年（西元八三四）作《兩部大法師資付法記》

二卷，而文秘乃記《兩部曼荼羅諸尊名號座位》等，把這傳於日本等等，都是學德兼備的人。此等諸大德雖在護持密教，但自不空以來已成習慣的密教勢力，也漸衰落了。因為，宮廷內的道教勢力逐漸增强，壓倒了密教的關係。

四．五臺山的密教

翻過來看，就山西省的五臺山而言，不管宮廷如何，移植於茲的密教，似乎繼續相當活潑的生命。五臺山的金閣寺，自大曆十二年（西元七七七）惠曉代含光檢校此寺以來，密教高僧大德，仍然陸續住於此寺，而似擔任其經營。日本延曆末入唐，元和五年（西元八一〇）列席於般若三藏譯場，而學德風靡於一代的「靈仙」，也住茲二年，親自剝手皮，畫佛像於長四寸濶二寸的東西裏，把這裝容於金銅的塔，而奉安於此寺。靈仙住茲之間，從梵僧受學「太元師之法」，當太和二年（西元八二八）將寂滅時，遺言於弟子說：「此法應傳於日本」。結果，承和五年（西元八三八）入唐的「常曉」，終於從其弟子受傳此法。靈仙寂後十三年，即：唐文宗開成五年（西元八四〇），日本慈覺大師圓仁巡禮五臺山時，金閣寺的塔堂伽藍，均保持創建當時的美觀，而且於此山華嚴寺等處，亦安置有金剛界曼荼羅，當時密教的隆盛，由此可知。

五．武宗的排佛

然而，大唐開成五年（西元八四〇），文宗帝崩御。武宗帝登位時，因武宗帝越偏信道教，終於開始虐待佛教（尤其是密教）。其會昌二年（西元八四二年）六月十一日，當帝誕辰日時，乃依恆例，將內供奉的大德與道士相對待而舉行了御前的論戰。此時，唯賜紫衣給道士而不給僧徒。次乃以嚴格監督僧尼為理由，令不守戒法的僧尼還俗，將其莊園沒收給官，除了年老而弁行精確者，其他自願還俗，或被官吏强迫而還俗者，單在長安市面，就有四千五百餘人之多。不惟如此，更進一步，虐待外國僧，以印度僧寶月、難陀等為首，連當時在唐的日本圓仁，也際會了無類之困惑。而且，會昌五年（西元八四五），竟將安置於長生殿內道場的佛像，予於毀拆，焚燒經典，將內道場持念僧全部提出，令其回其本寺，而將天尊老君之像，奉安於內道場。帝被道士所云：「有黑衣天子，即僧人將奪唐天下」之誣言所惑，嫌惡僧甚極，看僧尼猶如囚人，把僧尼監禁廟寺內，又勅令於天下，廢除一切僧尼，沒收莊園，將寺院銅像、鐘磬鑄為錢，以鐵像而作農具，以金銀鍮石等像而付度支。對於衣冠士庶家藏的金銀銅鐵等像，乃發出勅令限一個月內，應繳納於政府，違者處重刑。因此，還俗的僧尼，二十六萬五百人；所毀寺院，四千六百餘所；中國天下，竟無僧尼，而寶月、難陀等印度僧及日本圓仁、圓載等，均被還俗。

六．密教的打擊

因由此武宗帝之排佛，依存於宮廷的密教，特別沉淪於殆似絕滅的悲運，就是五臺山諸僧，也多半奔亡云云。會昌六年，武宗帝崩。宣宗帝登時，破佛之禁，立即被解，至於大中二年(西元八四八)，乃勅令於東都、荊、揚、汴、益等諸州建立寺廟，僧尼如欲再度，可重新受戒法，而於五臺山亦建五寺，各度五十人僧侶，但其復興，卻不容易。破佛後經過八年，大中七年(西元八五三)，日本智證大師圓珍入唐時，唯有法全、造玄等人，僅在保持著密教的餘息而已。大唐咸通三年(西元八六二)，日本清和天皇貞觀四年入唐的真如親王，他登陸於明州，訪名師於各地，費三年歲月，而於其年五月，才到達長安。那時，中國天下已無密教名師，亦無大寺，竟使親王歎息曰：「佛寺之大，不如日本東大寺，雖訪名師，竟無可及日本空海上人者」。

七．此時代之梵僧

在這中國密教衰頹時代，以智證大師「圓珍」問法的中印度般若怛羅(Prajnatara)為首，其他翻譯《大妙金剛大甘露軍拏利焰鬘熾盛佛頂經》一卷的「達摩栖那」(Dharmasena)，翻譯《千光眼觀自在菩薩秘密法經》一卷的「三昧蘇嚩羅」(Samadhicvara)，翻譯《施餓鬼甘露味大陀羅尼》一卷的「跋馱末訶」(Bhadramoha)，撰述《七曜攘災法》二卷的西印度「金俱吒」(Konkata)等，從西域或印度來宣布密教的密教僧雖是不少，但就中最有名的，是「圓珍」或「宗叡」等親自親近之師「智慧輪三藏」。

八．智慧輪與圓珍

智慧輪(Prajnacakra)是西域人，他常住在大興善寺，善說漢語，精通密教，青龍寺阿闍梨「法全」也恆崇敬他。其所造詣的經論江海，梵本山岳，於日本九州，亦無與彼相比者云。以是，日本的入唐僧「圓珍」及「宗叡」乃就師於他而受大法，尤其是「圓珍」，他歸國之後，亦常寄信請經軌，並提出種種疑問，以求其解決。「圓珍」最初就師於智慧輪，受兩部秘旨，兼得新譯經軌，是大中九年(西元八五五)，即是日本文德天皇齊衡二年的事。圓珍回國後不久，就抄集種種疑問，寄信質問其師，而智慧輪乃於咸通二年(西元八六二)，即日本貞觀三年十一月寄書答覆其質問。後來，經過二十年，於元慶六年，即大唐中和二年(西元八八二)，圓珍雖再作「決疑表」寄給他的師父，但在那時，智慧輪已經逝了。

九．智慧輪的教相

智慧輪究竟何時圓寂，不甚明瞭，但可是咸通六年(西元八六五)宗叡就師後不久數年就逝世的。此由於「贊寧」的《宋高僧傳》第三所記載：智慧輪的弟子「紹明」

於咸通年中將其本師智慧輪的傳歷刻於石碑一節，而可明瞭。智慧輪不但重新翻譯了《般若心經》，又撰《佛法根本》一書，而此書後來乃被刻於石碑，此為「明佛法根本碑」而傳至於今日。據它看，大毘盧遮那，即大日如來，是一切諸佛菩薩的根本，而一切諸佛菩薩實雖無邊無量，但卻無不是大日如來的變現。因此，一切諸佛菩薩所說的經律論三藏，均是將真言陀羅尼的趣旨，隨機應時，加以種種演化而說的，故此真言陀羅尼，正是一切佛法的根本，智慧輪三藏，把這個意思，特別强調。

十．惠果以後的密教

惠果以後的中國佛教，不但是以修法念為主眼的事相方面發達，為要對付儒道二教，或佛教中的顯教與心教（禪教）起見，闡明密教自己立場的教相亦頗發達，即：傳教內供奉持念大德之外，另成立內供奉三教講論大德。此三教講論大德，為要對付儒道二教，或對付顯教與心教起見，由密教特有的立場，常在御前（皇帝面前）議論。因此，日本承和六年，即大唐開成四年（西元八三九），日僧入唐的圓行，他抵達長安青龍寺時，長安右街的「僧錄」，三教講論大德沙門「體虛乃率領青龍寺內供奉講論大德「圓鏡」，章敬寺供奉禪宗大德「弘辨」等六人，與「圓行」六談密教玄理，而均感悦詣之深，終於推薦「圓行」為內供奉講論大德。智慧輪三藏著《佛法根本》之書，其用意亦為應付如此情勢，是明瞭的事。如此，事教二相發達，而通達於二相的好多大德雖在謹持密教，但竟無法將已傾向於衰頽的密教復興。而且，「法全」或「智慧輪」滅後，無人能繼其後，惠果以後九十多年，唐朝滅亡。同時，具有系統的正純密教也完全頽廢。

（六）宋遼時代的密教

一．宋遼密教的特質

在唐朝時代，由善無畏、金剛智兩三藏所開拓，而由不空、惠果二大阿闍梨所傳、發揚的密教，都是有體系的正純密教。但惠果以後，遭遇會昌法難以來，這正純密教乃殆歸於衰滅。不過，被這正純密教體系所攝取的某一種的密教經典，仍分化獨立，持續其生命於各地，終於廣被信仰。這種分化的密教，乃是宋遼時代的密教。

二．錢弘俶與寶篋印塔

唐亡而變成五代戰亂，尤其是後周世宗，竟行極端的排佛，故如有體系的正純密教，當然無再興起餘地。但在這後周勢力所不及之南方地帶，盛行有密教某一部經典或佛菩薩的信仰，見吳越王錢弘俶之寶篋印塔，即可明瞭。

吳越王錢弘椒處在天下爭亂之間，征伐黃巾之賊，殺人數萬，尤其是後周顯德元年（西元九五四），當黃巾賊再起時，他將所逃賊徒，追至汶水邊，對其溺水者皆予於射殺，死人數十萬，因之致使汶水不得流通云。

後來不久，錢弘俶羅熱病時，得此殺生之報，常自囈語說：「刀劍刺我胸，猛火燒吾身」，輾轉反側，苦狀難睹。時有一僧，來說：「請公立誓造寶篋印塔，納《寶篋印陀羅尼經》以供養，則能忽然脱苦，福壽長遠」。弘俶在病苦中信此言聲，立誓兩三次，至心合掌，懺悔前非。於是，病乃忽然痊癒。因此，弘俶乃想阿育王事蹟，竟於顯德二年（西元九五五），造八萬四千寶塔，納《寶篋印陀羅尼經》於塔內，廣布於天下。

三．宋遼之對立

西曆九六〇年，即日本村上天皇之天德四年，後周歸德節度使趙匡胤打亡後周，建設帝國，自稱為「宋」，而與後周同樣，設帝都於汴京。此時，契丹的「遼」，是第四世穆宗之朝，而至於第六世聖宗（西元九八三——一〇三〇）時，國威大振，設五京於國內。於是始與「宋」對立，中國天下南北兩分。

四．宋太祖保護佛教

宋太祖建國當初，對於諸寺廟未毀者予於保存，又為求法起見，乾德四年（西元九六六）派遣勤行等一百五十七人去印度西域，蒐集梵經，或對遠來梵僧，儘量款待等等，保護佛教，盡其力量。結果，雖是部份性，但於以汴京為中心之黃河流域，已衰亡之密教，也有復興的曙光。

五．宋太祖之譯經開版與密教

宋太祖於太平興國元年（西元九七六），發詔度天下童子約及十七萬人。其五年（西元九八〇），天息災、施護、法天等密教僧從西天來宋時，立即創建譯經院於太平興國寺西側，同七年六月，譯經院落成時，即令天息災等人住宿於茲，使其專心從事譯經。當此譯場開館時為除魔障起見，特別執行了莊嚴的密教儀式。於此道場所譯秘密經典，約有一百二十部二百餘卷。其中，天息災譯的《大乘莊嚴寶王經》四卷，是傳播於西藏，蒙古喇嘛教所普及有關「唵摩尼鉢頭迷吽(Om mani-padme hum)的觀音六字明咒的根本聖典。唐不空請來梵本而不能全譯的《金剛頂經》十八會之中，將初會及第十五會予於翻譯的，是施護譯的《一切如來真實攝大乘現證三昧大教王經》三十卷和《一切如來金剛三業最上秘密大教王經》七卷，而譯其第六會的，是法賢譯的《最上根本大樂金剛不空三昧大教王經》七卷。不論如何，這些經典的翻譯，是將密教根本的經典最初而且完全介紹於中國的，故在密教宣教上，其所貢獻功績，絕非小可。這些經典，不但全被翻譯，且為廣流世間起見，又企圖其所譯經典的開雕（印刻），即：宋太宗太平興國八年（西元九八三），業已完成十三萬版的大藏經版，而為宣揚佛教的僧尼數目，逐漸增加，至於神宗熙寧元年（西元一〇六八），天下之僧，已達二十三萬六百六十人，尼乃有三萬四千三十人之多。

六．遼朝的佛教興隆

宋朝如此的佛教興隆，它會波及於北方鄰國的遼朝，是自然的道理。因此，遼道宗清寧年中（西元一〇五五—一〇六四），模倣宋朝，開雕大藏經，而其佛教信仰，亦勝於梁武帝云。在這道宗朝代，出現有覺苑、法悟、志福、道殴等大德，而將佛教，尤其是密教，宣揚於遼天下。

七·覺苑與密教

覺苑一名稱為「總秘大師」，他為密教弘通，就於來遼的梵僧摩尼(Mani)，究密教之秘奧，名聞一世，仕遼興宗、道宗二帝，參與大藏經開雕事業，一面又於燕京(今之北平)圓福寺宣揚密教，毫無懈怠，竟由詔令而開《大日經義釋》講會，撰「科文」五卷，闡明其玄旨，又容師德等百餘人之懇望，終於太康三年(西元一〇七七)，由於勅令而製《大日經義釋演秘鈔》十卷，大宣密教秘趣。時人贊其功云：「業乃超彌天道安，學則壓清涼澄觀」。據此《演秘鈔》以窺覺苑密教思想，他將佛教大分為顯教與密教，云：《大日經》在密教中為圓教地位，猶如《華嚴經》在顯教中之圓教地位，而《華嚴經》與《大日經》之不同，不外乎顯圓與密圓之別。他由華嚴教理或《金剛頂經》之思想，以釋《大日經》，基於不空的「都部要目」，認為：《大日經》乃不過是《金剛頂經》十八會中第十六會的說法而已。由此以觀，覺苑主要是強調，融合於華嚴教理的金剛系的密教似的。

八．法悟、志福與密教

其次是法悟和志福，此二人傳歷不詳，但法悟住遼中京，即今熱河省凌源附近之報恩傳教寺，由於道宗帝之指揮而製《釋摩訶衍論贊玄疏》五卷，而志福乃由於道宗之勅而作《釋論通玄鈔》。此《釋摩訶衍論》雖然不過是《大乘起信論》的論釋，但其論旨，自然而然契合於密教義趣，故弘法大師乃以此為所依，論藏而大成密教的判教。故在遼朝，盛倡此「釋論」，終於乃是間接宣揚了密教。

九．道㲀與密教

再就道㲀而言，道㲀諱云「法幢」，雲中人。他博達多聞、參禪、訪道教，內乃精通於華嚴教宗，外則窮百家玄旨，而且深厭都塵，住代州五臺山金河寺，傾其積年實修與蘊蓄，著《顯密圓通成佛心要集》二卷，闡明了顯密二教心要。他於其大著劈頭，記其撰寫讀書動機而說：

如來一代教海，文義雖均浩瀚，但可統盡於「顯」「密」而無餘剩。顯是諸乘之經、律、論，密即諸部陀羅尼。爰自摩騰入漢，三藏漸布於中國，而自無畏來唐，五密盛興於華夏。九流共仰，七眾同遵。但及經年遠，誤見越多，或習顯教而輕謗密部宗，或專於密言而昧於顯教之趣，乃至，依顯密二宗，略示成佛心要云。

他將其全書分為四門：(一)顯教心要，(二)密教心要，(三)顯密雙辨，(四)乃陳述他生於清寧二年(西元一〇五六)，被文武百僚尊稱為天祐皇帝的道宗之世，而值遇於顯密二教之喜，最後乃以頌而結之。由此可知，道殹完全站在顯密不二的立場，認為依據顯密任何一方，均可成佛。顯教乃依教而生「信」，依「信」而生解，由「解」起「行」，「行」成而得「道果」。但在密教，假使不生「解」，單念(或單誦)真言陀羅尼，亦得解脫。因此，他著力說：對於俗人，最容易「實行」的是密教。

十・特別鼓吹準提咒

於其密教之中，他依據天息災譯的《大乘莊嚴寶王經》，特別鼓吹觀音的六字明咒及準提(Cundi)之咒。同時，於此二咒中，他根據善無畏譯的《七俱胝獨部法》，而特別力說準提咒。他說：「在顯教之中，五部雖是不同，但準提一咒，最勝最靈，是諸佛之母，菩薩之命，具包三密，總含五部」云。他特別提倡準提的理由，是(一)

此咒為諸佛之總咒，(二)壇法簡易，(三)任何時、任何處、任何人，都容易誦。他說：「準提不揀染淨，均可持誦，故不論在家出家，飲酒食肉，或帶有妻子，皆可持誦，此與餘咒(其他之咒)必須持戒方得誦習，卻不相同」云。

十一．遼朝的華嚴、密教與禪

遼朝的密教，概以華嚴思想為基礎，似乎是由於華嚴宗中興者清涼國師澄觀於唐大曆十一年(西元七七六)遊於五臺山。次則住於大華嚴寺，與密教融合而講《華嚴經》以來，五臺山乃華嚴、密教並行，而此作風弘於塞北所致的結果。特別要注意的是，在遼朝並不是全無「有系統的正純密教」，但大部分都是分化及通俗化的密教。而認為：由於誦持所定的真言陀羅尼統一心，自然又可入於禪定，故終於以此(密)為「禪定藏」或「禪咒」而傳弘於民間。結果，禪宗的人，有人認為這是侵入禪宗領域，故予於排斥的，卻也不少。此見其《顯密圓通成佛心要集》中所說的「禪或講，見弘密咒，有恐失己利而心生嫉妒者，請提防惡報於現在未來」一節，即可明瞭。

十二．宋遼密教與時輪教

概觀而言，宋遼時代的密教，它與唐朝的密教，大不相同。唐朝的密教，可說是有體系的綜合的密教。而宋遼時代的密教，可說是分化和通俗化的密教，而此分化和通俗化的密教，是以崇拜特種本尊，而誦持其真言陀羅尼為主的。例如鼓吹寶篋印陀羅尼，觀音六字明咒及準提咒，就是這個。又，當時主要還是輸入了時輪教化的印度密教，故其本尊，與其說是慈顏妙相的佛菩薩，毋寧說是獰猛的忿怒明王本尊較多。宋神宗熙寧六年（西元一〇七三）三月，日本延曆寺僧成尋參觀宋宮廷時，其宮廷內，忿怒明王像比諸佛像多，此見成尋於其「參天台五台山記」第七卷內如下一節記載，即可明瞭，即：

見大輪明王。二臂各有一蛇繞肘，右手執棒，棒上有髑髏，有一蛇繞髑髏而自繞棒。佛頂有化佛，大力明王，忿怒三面，左右赤色，本體青色，中面頂有化佛，有二蛇向化佛，肘有一蛇云。

十三．金宋時代的密教

遼朝的滅亡，在於公元一一二五年，當時天下，宋被金壓迫，終於遷都於南方中國的「臨安」，於是出現了南宋與金之對立時代。當時的密教，雖無宋遼時代似的興隆，但分化的密教，仍在維持其生命，尤其是陀羅尼乃完全普遍為民間信仰，此見金皇統七年（西元一一四七）由憑長寧所建石刻「華梵加句靈驗佛頂尊勝陀羅尼」及大定二十年（西元一一八〇）由順道而建於直隸省龍興寺東方的「佛頂尊勝陀羅尼石幢」等，即可推知之。

（七）喇嘛密教的一斑

一．**喇嘛密教的傳播**

公元一二七九年，蒙古第五代的忽必烈(Kublai Khan)，打滅南宋，統一天下，建立元朝。元朝以密教為骨格的西藏佛教，即：喇嘛密教為國教。結果，西藏本土是不消說的。其他，北方經由蒙古而連接於西伯利亞，東則滿洲，則涉及於中國本土的廣大地域，都廣弘喇嘛密教。

二．**西藏佛的由來**

考西藏興起佛教的由來，最英明的西藏君主「雙贊思甘普王(Srong-btsan-sgam-po西元六一七—六九九)」屢次侵入中國，與唐太宗交戰而得勝。因此，唐太宗乃不得已，竟將文成公主嫁給雙贊思甘普王以講和，這是貞觀十五年(西元六四一)的事。雙贊王除文成公主之外，還納尼波羅(Nepal)國的王女為妃，而此二妃，均是篤厚的佛教信徒，故由此二妃之感化，王亦變成佛教信者。王欲移植佛教於西藏起見，派遣「脫米散菩達(Thomi-sambhota)」等十六人去印度，他們住印度數年，一面研究佛教，另一面乃學習印度韻之學，帶了很多梵文本回國。同時，倣梵文支流的「浪雜」

(Lantsa)等字，而造西藏文字。同時又基於梵字文典，著西藏文典八部，依之譯出《寶雲經》(dkon-mchog spring)等經典云。王又從南天竺補陀洛伽山(Potalaka)請入由栴檀所刻之聖觀音等。由此，佛教始傳入西藏已有念咒文並崇拜魔神的「教(Bonpa)」存在，而且一般人都信此原來的宗教。因此，最初佛教是不容易弘揚的。

三．乞㗚雙提贊王和喇嘛密教的興起

雙贊王寂後，經過十年，唐景三年（西元七〇九），西藏王又向中國求婚，於是，中宗皇帝乃將雍王守禮之女，作金城公主而之。在金城公主和西藏王提乞㗚贊答(Ide-khri-btsan-brtan)之間所生的，乃是乞㗚雙提贊(khri-srong-Ide-btsan)。此王之時，唐與西藏雖是形成舅甥之關係，但卻常在交合干戈，因有此遺憾，竟於建中四年（西元七八三），兩國之間，提結了親善盟約，而將其盟約文刻在石頭，而將石建在西藏首都拉薩(Lhasa)的大聖殿(Jo-chen-mo)。此王（西元七二八—七八六）統治中間，由王命而留學於印度的很多學僧，請入種種梵經，同時又從印度聘請很多學僧，從事翻譯。又，從印度聘請密教僧「寂護(Cānta-raksita)」和蓮華生(Padma-samthava)二大名僧，做印度巨刹「喔單達普利」(O-tanta-puri)大伽藍，建立「三姆耶」(Bsam-yas)大寺於拉薩東三日里程遠的地方，以此為西藏教—尤其是密教—之根本道場。後來不久，蓮華生雖是回印度，但其高徒二十五人留在西藏，宣揚佛法，結果，分化性及通俗性的因陀羅部底(Indrabhūti)系的密教，終於普及於西藏。

四．乞嘌徠巴瞻王和喇嘛密教

乞嘌雙提贊王有二子，兄弟相繼而登位，但其弟「世那力克(Sad-na-legs)」王崩於唐元和十一年（西元八一六），其子「乞嘌徠巴瞻」(Khri-ha-can，西元八〇六—八四二)登位。此王與唐穆宗之間，又提結親善盟約，而於長慶二年（西元八二二）將此刻於石頭。以於此王時譯《大日經》的「濕連陀羅菩提(Cilendra-dodhi)」為首其他很多梵僧來藏，改訂當時尚未完全的西藏語，制定新譯語，以圖經典譯語整齊。因此，這個時代真是喇嘛密教的黃金時代，王對待喇嘛僧極其厚待（優待），將所有喇嘛僧列為貴族，同時給予豐富的俸給和侍者，而且賦予了裁判上的特權及免稅的特權。王認為：由於對喇嘛教表示無限的尊敬，而得導致於西藏國民無上的幸福。

但為此喇嘛教，國民乃陷入於重稅的困苦，而且因有社會裏面的不平和國內的反對黨，王乃於唐會昌二年（西元八四二）被弒死，而極端排佛的「朗達磨(glam-dhama)」登了王位。

五．朗達磨迫害喇嘛教

朗達磨王乘國內有饑饉、獸疫及其他災害續出之機會，以此均為喇嘛教所使然，對此加以殘虐的迫害，破卻佛殿，將佛像投於河中，令僧侶還俗，強出家人（僧）轉為獵師或獸肉商，而如有拒者，則處於重刑。這西藏的排佛殆與唐武宗的排佛同時出現，甚可為奇。後來不久，朗達磨雖被「陪多爾姊(dpal-rdo-rjo)」殺死，但國內漸亂，分立小幫，戰爭不絕，爾後約七十年間，呈現出宗教的黑暗時代。

六．阿提沙的喇嘛教改革

第十一世紀初，即：北宋時代，西藏王「移學埃(Ye-ces-hod)」企圖恢復這頹廢的喇嘛密教，派遣寶賢(Rin-Chenbzâng-po)等十四人去印度，學正統佛教，以此為因，被認為西藏佛教的復興者或改革者的「阿提沙(Atjca)」，竟於公元一〇三八年入藏。阿提沙（西元九八〇—一〇五二）是印度「賓加爾(Bengal)」王族的兒子，他來西藏，已近六十歲云。他不像後來喇嘛教之注重禁咒或妖術，全以平易（淺現）的方法而說佛教因果的道理，以民眾教化為主，而努力淨化已腐敗之教法。於是，西藏人心，靡然受其感化，不期而形成一個大勢力。阿提沙的高徒「杜栂吞巴(hbrom ston-pa)」繼其法燈，建精舍於「羅典(Rwa-sgreng)」為本山，終於另開「加擔巴(bkah-gdams-pa)」一派。「加擔巴(bkah-gdams-pa)」是宣布教令的意思，即：是隨應眾生根機，為使人達成解脫目的，以說教法的意思。此派對於後來的密教，加上顯乘（顯教），而以顯密不二，經與曼怛羅(mantra)合一，為解脫之要道（要義）。受此以阿提沙為祖的「加擔派」的影響，而發生了「薩迦(Sa-skya-pa)」派及以三度留印，而傳聖教的「馬爾巴(mar-pa)」為祖的「卡爾救(bkah-rgyud-pa)」派。

七．元朝與喇嘛教

元世祖忽必烈時，從此薩迦派中，出現了「發思巴(hphags-pa，西元一二三九—一二八〇)」。「發思巴」於南宋寶祐元年（西元一二五八）十五歲時，與其伯父「薩迦判增(Sa-skya-pan-chen)」一起遊於蒙古，而於此時才見了忽必烈。忽必烈看「發思巴」為博識聰明的青年，甚被感動，並尊敬他，而從他受了戒。景定元年（西元一二六〇），忽必烈登位而為世祖時，帝乃以發思巴為師，至元六年（西元一二六九），下勅令發思巴制蒙古文字，更賜正印，使他統領諸國佛教。元世祖會如此崇敬喇嘛教，似是因為：喇嘛教在很多地方類似於蒙古拜火教，故依此而能懷柔蒙古民族。同時，由外交方法，而欲平定西藏的關係。

八．元朝對喇嘛教的厚遇與僧徒的墮落

發思巴於至元十一年（西元一二七四）回西藏，而於至元十七年十一月二十二日，四十二歲而圓寂。次之，發思巴的內弟「琳泌」昇為帝師。從此，西藏漸有喇嘛僧來蒙而為元朝帝師。元世祖自至元二十二年（西元一二八五）至二十四年之間，集通達西藏語、中國語及梵語的人二十九位，勘同藏漢二譯大藏經，並編纂《至元法寶勘同總錄》十卷。同時，建立很多寺院，為喇嘛教的興隆而努力，而元朝歷代帝王皆依此原則，非常厚遇喇嘛教。但此厚遇，倒使喇嘛教腐敗，官民對於喇嘛僧

的貪慾、於恣(放蕩)、橫暴等，到處抱不平。可是，不管有這些情形，例如元順宗帝乃以喇嘛伽璘真為帝師，稱為「演碟兒」，即是「大喜樂禪定」集合好多子女，以婬樂為事，男女均裸體，而其所到的地方，叫做「吐即兀該(事事無礙)」云。

九．宗喀巴與黃教

「元」至此順宗帝而滅亡，變成明朝。宗喀巴(Tson-kha-pa)出現，而改革如此腐敗的喇嘛教。宗喀巴雖為(西元一三五七—一四一九)青海東南安土(Amdo)一牧羊者之子而出生，但不忍見其喇嘛教之腐敗，到拉薩(Lhasa)等地去研究佛教精髓。同時，很熱誠發起改革運動，而引起社會的注目，故歸依他的人，日漸增加，終於建「甘丹寺(dgah-ldan-pa)」於拉薩東南，以茲為根本道場，以宣揚新喇嘛教。宗喀巴所創一派，叫做「甘丹派(dgah-ldan-pa)」或云「格婁克派(dge-lugs-pa)」。他據阿提沙以顯密合修為本之原則，再攝取他派所長，以組織其教法。此派改革從來的紅衣紅帽，復於薩迦舊時，而改用黃帽黃衣。因此，舊派叫做「紅教」，而新派叫做「黃教」。

十．達賴喇嘛與班禪喇嘛

宗喀巴自從建立甘丹寺以來，其教化普遍於全藏。宗喀巴的高徒「根敦珠巴(pge-hdun-grub-pa西元一三九一—一四七五）」建「布達拉(Potala)」寺於拉薩，興隆黃教。後來，至於在離「薩迦」不遠的「日喀則(Shi-ga-tse)」之地建立「札什倫布(Tashi-lhun-po)寺」時，黃教乃以旭日東昇之勢而凌紅教。拉薩的布達拉寺乃以根敦珠巴為開基，根敦嘉穆錯(dge-hdum-rgyamtsho西元一四七五—一六八二)時，領前藏及青海的蒙古「固始汗」乃賜他叫做「達賴(Dalai)」的尊號。達賴是蒙古語，意思是「海」，這是其德行廣大無邊的，是為達賴喇嘛的濫觴。與此達賴喇嘛相對，日喀則札什倫布寺的大喇嘛乃有「班禪(Pan-chen-rin-po-che)」之尊號。「班禪」的稱號，本來是賦給發思巴伯父，即：薩迦派開祖「翚加格爾藏(Kun-dgah-mtshan)」以來，在薩迦派喇嘛之間所習用的。但達賴喇嘛興起時，這稱號已廢絕。但薩迦寺附近的札什倫布寺的大喇嘛又襲用此稱號，用以對抗達賴喇嘛。這達賴、班禪二喇嘛，相並而管理西藏，終於形成西藏今日政教一致的國體。

十一．清朝與喇嘛教

如此，黃教派在西藏得到勢力，使西藏的喇嘛教，全換新面目，但西藏是處在偏僻之地，故其實狀，在明朝時代，仍不被中國本土所熟知。然而，至於清朝時，清朝仍在滿洲而尚未入關時，因有屬於黃教之西藏一喇嘛僧來到滿洲，受了清太祖的尊敬，以此為始，彼此之間，漸有交通，西藏喇嘛的消息，亦似逐漸明瞭。西藏布達拉寺的第五世羅卜藏嘉穆錯(blobzangrgya-mtsho)時，在青海附近持有根據的蒙古豪族「和碩特部」的「固始汗」，乃以武力而平定整個西藏，舉其主權，以獻給這達賴喇嘛第五世。於是，這達賴喇嘛乃掌握教權及政權，終於君臨於西藏全土。後來，西藏有內亂，清世宗鎮定了它，置駐藏大臣於西藏拉薩，以監其內政。這是雍正二年(西元一七二四)的事。

十二．黃教四大分與呼畢勒罕的制度

清世宗時，蒙古喇嘛教，分為漠北與漠南二大派，而漠南喇嘛教乃於「多倫泊」建本山，漠北喇嘛教則設本山於庫倫，而再加上西藏本土的拉薩布達拉寺及後藏札什倫布寺，叫四大本山。於是，黃教乃自然而然，分成四大派。這黃教派與紅教派完全不同，全不帶妻，故乃由呼畢勒罕（蒙hoblighan即：化身）制度以定其嗣法者。例如達賴班禪等大喇嘛臨死時，即遺言說：「要再生何處」，而於其所指定土地找出生兒，此為相續者。可是，這個制度後來生出種種弊害，竟出現有好幾個叫做「呼畢勒罕（化身）」的人，故於清高宗時，乃備金瓶於中藏大招寺，將其所指定方向候補者的紙票投入其瓶中，在駐藏大臣及達賴或班禪等主要喇嘛僧立會之下，而於宗喀巴像前抽籤以決定其相繼人。如欲決定蒙古二大喇嘛嗣法者，則由北京雍和宮所整備之金瓶，而在住北京喇嘛大官立會之下，抽籤以決定之。

（八）韓國密教的興亡

一．韓國密教的由來

佛教初傳於韓國，是在公元第四世紀後半，即：是高句麗、百濟和新羅對立的三國鼎立時代。秦王苻堅派遣僧順道，而於小獸林王二年（西元三七二），始將佛教傳至高句麗，從此經過十二年，印度僧摩羅難陀弘佛法於百濟，而再經過一百四十四年左右，法興王十五年（西元五二八）時，佛教才傳入新羅，於是普及於全韓。後來，又經過百年左右，至於公元第七世紀中葉時，雖是部份或斷片性，卻也傳有雜部密教到此地，而成立了例如「神印宗」的宗派。

二．神印宗的元祖「明朗」

今考此神印宗，新羅善德女王元年（西元六三二），有叫做「明朗」的人入唐學密，而於善德女王四年，即：唐太宗貞觀九年（西元六三五），回新羅國。他於其歸國途中，不惟入龍宮而傳受神印秘法。同時，又得到龍王布施千兩的黃金。於是，他一回國，立即用那黃金，鍍飾佛像及其他，光耀燦爛。因之，把這叫做「金光寺」云。後來，經過三十多年，至於文武王九年（西元六六九），唐將李勣討伐高句麗，將其餘勢而欲襲滅新羅，以五十萬大兵，由海上攻來了。那時，明朗由於文武王懇請而築壇於狼山南方，崇神像於五方，率瑜伽僧十二人，修文豆婁秘法，忽起暴風，唐船一夜而沉沒於海，竟能救了國難云。築此神壇的地方，又蓋了一寺，叫做四天王寺。王嘉其功績，向國內盛弘明朗為元祖之神印宗云。

三．雜部密教的傳播

與此明朗同時代，又示現種種奇蹟，廣集民眾的歸依。又有叫做「惠通」的人，入唐傳密法，而於唐麟德二年（西元六六五）歸回新羅，廣歷四方而救人化物，盡力於密教振興。又，則天武后聖曆三年（西元七〇〇）庚子三月，新羅僧「明曉」不以旅途為遠而來唐，而將欲歸其本國時，特別留意於陀羅尼門密法，慇懇請教的結果，北印度嵐波國的「李無諂」乃譯出《不空羂索陀羅尼經》一卷而給予他（明曉）云。今考此等事蹟，有體系的正純密教由善無畏、金剛智而傳入中國以前，在韓國已有雜部密教的流傳，而在釀成仰望正純密教傳入之機會，由此可以看出。

四．新羅統一時代正純密教的輸入

將此具有體系的正純密教，最初輸入於韓國的人，是新羅靈妙寺僧「不可思議」，這當然是新羅合併了百濟、高句麗而一了韓國以後的事。「不可思議」的傳記雖是不明，但他於大唐開元年中，就師於善無畏三藏，窮盡《大日經》秘奧，對於第七卷「供養次第法」，親自記錄其所聽受的口訣，撰《大毘盧遮那經供養次第法疏》二卷。同時，於其撰述中說：「小僧不可思議，多幸面諮和尚將所聞法要，隨分抄記」云。又，新羅僧「玄超」亦就善無畏三藏受「胎藏法」，把這傳給大唐青龍寺的惠果和尚。玄超事蹟亦不明，可能是歸國之後，始將所受密法，予以宣揚。又，就師於善無畏三藏，而受學胎藏法的大唐鎮國道場「義林」阿闍梨，後來他也往新羅國宣揚密教，而他於貞元二十一年（西元八〇五），雖達一百零三歲的高齡，仍然矍鑠云。例如新羅僧「慧超」，也周遊五天竺之後，回大唐奉仕金剛智和不空，專研密教。同時，建中二年（西元七八一），他自己為欲譯經而入住於五臺山乾元菩提寺云。他後來究竟有否回鄉（韓國），雖是不明，但不管他是止住於大唐或回國，卻送回種種密教經典給韓國，直接間接，盡力於新羅正純密教的興隆，殆不難料想。

五．正純密教的傳播及其遺物

如斯，好多名僧從新羅入唐，學習正純密教，而將密教，直接間接輸入於鄉國新羅。故在新羅，密教興隆，是明顯的事，此看新羅都城慶州佛國寺、大邱桐華寺及榮州毘盧寺等處，今仍現存有金剛界大日如來或十一面觀音寺石像，即可間接證明之。大唐惠果和尚繼不空三藏之後，為大唐師表而在青龍寺東塔院廣飜『（編按：「飜」與「翻」同）』秘密法幢之建中二年（西元七八一），從新羅來有「惠日」「悟真」二人，投其門下，受學正純密教。貞元五年（西元七八九），悟真往「中天竺」途中，病歿於吐番（西藏），但「惠日」似有歸回其鄉國新羅，而宣布密教云。唐咸通五年（西元八六四），即：新羅景文王四年所鑄造之金剛界大日如來鐵像，今仍存於江原道鐵原之「到彼岸寺」，徵此一事，亦可窺知：正純密教曾傳播於新羅國，並持續其興隆。同時，密教陀羅尼普及為證之。這是以陀羅尼而諷刺真聖女王（在位西元八八七—八九六）被二、三寵臣所誤而致天下亂的，即云：「南無亡國，刹尼那帝，判尼判尼蘇判尼，于于三阿干，鳧伊娑婆訶」。刹尼那帝是指女王，判尼判尼蘇判尼是二蘇判，即是爵名，于于三阿干是指三、四個寵臣，鳧伊是女王乳母「鳧女」的意思。

六．高麗統一朝鮮

已呈衰兆的新羅，自真聖女王以後，更加衰敗，至於敬順王時，衰亡已達其極，王不忍（不堪）無辜人民徒然陷於苦境，竟於西紀九三五年，即：日本朱雀天皇承平五年，率百官而投降於高麗，而高麗乃代為統一朝鮮。

七．高麗太祖與密教

如斯，朝鮮天地雖經一轉，但佛教乃依然興隆，高麗太祖「王建」特別私淑於「道銑」之「風水教」。同時。又以佛教為國教。因此。密教也極其繁盛。高麗太祖，在建國當時，受了海賊來襲時，令「神印宗」之「廣學」「大緣」二大德行攘災秘法，又建立「現聖寺」於開城，而以密教為根本道場。又，於太祖二十一年（西元九三八），密教僧「弘梵大師」，室哩嚩曰羅(Cri-vajra)從印度來至高麗時，王乃整備威儀於兩街（街路），以迎法駕，由此可知王對密教信仰之深。

八．高麗歷代與密教

繼承太祖規模之高麗歷代諸王，悉皆尊敬佛教，每有事宜即行駕於寺院為例，同時亦深信密教，是明瞭之事。例如文宗乃於國家邊亂時，即：於其二十八年（西元一〇七四），設「文豆婁」道場於神印宗四天王寺，以攘蕃兵。又如睿宗王乃於其三年（西元一一〇八）至其四年，連續修持此舉。由於密僧「妙清」之奏言，仁宗王乃於其五年（西元一一二七），設灌頂道場於常安殿。又於其八年（西元一一三〇）乃設「阿吒波拘神」道場於弘慶院，以令修「太元師之法」。後來，妙清企圖反逆，遂被誅死，但密教信仰卻不因此而衰。而於康宗王元年（西元一二一二），設灌頂道場於宣慶殿。高宗王二十二年（西元一二三五），構「闍曼德迦威怒王神咒道場」於闕北別殿，以攘兵禍。又於元宗王五年（西元一二六四），白天出現了「太白星」，故於其四個月間，設「大佛頂五星道場」於二郎城假闕，以令祈求消災。例如灌頂道場乃於元宗王十年（西元一二六九）及忠烈王登位後（西元一二七四），均有設立。據記載說：奉仕於忠烈王、忠宣王及忠肅王之「洪儒」「李齊賢」，撰序於以金泥而寫之九十卷「密教大藏」，而高麗主上（帝王），每有萬機之暇，則留神於釋典，尤其信奉密教最為濃厚，發內帑之珍，以泥金而書寫云。對此史料，加上以江原道原州郡之楮田洞，廢令傳寺或舟村坪等各處之金剛界大日石像為首，其他從佛像或刻有陀羅尼之當時香爐、梵鐘等物，亦可推知高麗時代之密教繁榮狀態。

九·李朝與密教衰亡

然而，至於西曆一三九二年，即：明太祖二十五年，高麗滅亡，而成為李朝時代。李朝斷然採取排佛主義，廢止無用寺刹，沒收寺領於官。故於其太宗六年（西元一四〇六），竟將密教神印宗合併於表示「三論法性宗」之「中道宗」，而稱為「中神宗」。又將「總持宗」即：陀羅尼宗合於律之南山宗。不惟如此，於其十七年（西元一四一七），終於廢止那些宗派，焚燒有關密教之書籍，完全禁止了密教的弘通。密教儀軌寫書，當然不會因此而全失。例如真言陀羅尼乃流通於民間，而於宣祖王二年，即：明隆慶三年（西元一五六九），由於慧澄、印珠等禪家之手，而卻重刊有《真言集》之書，但具有體系之密教，全已廢滅。至於今日，連其片影，竟亦無從認出。

附錄：

《一真法句淺說》

悟光上師《證道歌》

一真法句淺說

嗡乃曠劫獨稱真，六大毘盧即我身，時窮三際壽無量，
體合乾坤唯一人。文

嗡又作唵，音讀嗡，嗡即皈命句，即是皈依命根大日如
來的法報化三身之意，法身是體，報身是相，化身是用，
法身的體是無形之體性，報身之相是無形之相，即功能或
云功德聚，化身即體性中之功德所顯現之現象，現象是體
性功德所現，其源即是法界體性，這體性的名如來德性，
佛性，如來即理體，佛即精神，理體之德用即精神，精神
即智，根本理智是一綜合體，有體必有用。現象萬物是法
界體性所幻出，所以現象即實在，當相即道。宇宙萬象無
一能越此，此法性自曠劫以來獨一無二的真實，故云曠劫

獨稱焉。此体性的一中有六種不同的性質，有堅固性即地、地無非一味，其中遍有無量無边廣堅固性的原子，綜合其堅固性假名為地。是遍法界無所不至的，故云地大。其次廣於濕性的無量無边德性名水大，廣於煖性的無量無边德性名火大，廣於动性的無量無边德性曰風大，廣於容納無碍性的曰空大。森羅万象，一草一木，無論动物植物礦物完全具足此六大。此六大之總和相涉無碍的德性遍滿法界，名摩訶毗盧遮那，即是好像日光遍照宇宙一樣，翻謂大日如來。吾們的身体精神都是祂幻化出來，故云六大毗盧即我身，这毗盧即是道，道即是創造万物的原理，當然万物即是道体。道体是無始無终之灵体，沒有時間空間之分界，是沒有过去現在未來，沒有東西南北，故云時窮三除的無量壽命者，因祂是整個宇宙為身，一切万物的新陳代謝為命，永遠在創造為祂的事業，祂是獨單的不死人，祂以無量時空為身，沒有與第二者同居，是個絶対孤單的老人，故曰体合乾坤唯一人。

虚空法界我独步，森羅万象造化根，宇宙性命元靈祖，光被十方無故新。

祂在這無量無邊的虚空中自由活動，我是祂的大我法身位，祂容有無量無邊的六大体性，祂有無量無邊的心王心所，祂有無量無邊的万象種子，祂以蒔種，以各不同的種子與以滋潤，普照光明，使其現象所濃縮之種性與以展現成為不同的万物，用祂擁有的六大為其物体，用祂擁有的叡智精神（生其物）令各不同的万物自由生活，是祂的大慈大悲之力、祂是万象的造化之根源、是宇宙性命的大元灵之祖，万物生从何来？即从此来、死从何去？死即归於彼处，祂的本身是光、万物依此光而有，但此光是窮三际的无量寿光，这光常住而遍照十方，没有新旧的差别。凡夫因执於時方，故有过去現在未来的三际、有东西南北上下的十方观念、吾人若住於虚空中、即三际十方都没有了。物质在新陈代谢中凡夫看来有新舊交替，这好像机械的水箱依其循環、進入来為新、排出去為舊，根本其水都没有新舊可言。依代谢而有時空、有時空而有寿命長短的观念，人们因有人法之执、故不能窺其全体、故迷於現象而常沉苦海無有出期。

、隐显莫测神最妙、璇転日月贯古今、貪瞋煩惱我密歸、

生殺威權我自興。文

毘盧遮那法身如來的作業名羯磨力，祂從其所有的種子注予生命力，使其各類各各需要的成分發揮變成各具的德性，呈現各其本誓的形体及色彩、味道，將其遺傳基因寓於種子之中，使其繁愆子孫，這源動力還是元靈祖所賜。故在一期一定的過程後而隱沒，種子由代替前代而再出現，這種推動力完全是大我靈体之羯磨力，凡夫看來的確太神奇了，太微妙了。不但造化萬物，連太空中的日月星宿亦是祂的力量所支配而運行不休息，祂這樣施與大慈悲心造宇宙萬象沒有代價，真是父母心，吾們是祂的子孫，卻不能荷負祂的使命施與大慈悲心，違逆的眾生真是辜負祂老人家的本誓的大不孝之罪。祂的大慈悲心是大貪，眾生如頁祂的本誓、祂会生氣，這是祂的大瞋、但衆生還在不知不覺的行為中、如有怨嘆、祂都不理而致之：這是賜我們衆生好好地生活着、這是祂的大癡、這貪瞋癡是祂的心理祂本有的德性、本來具有的、是他的密號。祂在創造中不斷地成就衆生的成熟。如菓子初生的時只有發育、不到成熟不能食、故未成熟的菓子是苦澁的，到了長大時必須使其成熟故應用殺氣才能成熟、有生就應有殺、加了殺氣之後成熟了、菓子就掉下來、以世間看來是死、故有生必有死、這種生殺的權柄是祂獨有，萬物皆然，是祂自然興起的、故云生殺威權我自興。祂恐怕衆創造落空、不斷地动祂的腦筋使衆創造不空成就、這些都是祂為衆生的煩惱這煩惱還是祂老人家的本誓云密號，本有功德也。

六道輪迴戲三昧，三界匯納在一心，魑魅魍魎邪精怪，妄為執着意生身。」文

大我體性的創造中有動物植物礦物，動物有人類、禽獸、水族、蟲類等，其有感情性欲之類，植物乃草木具有繁愆子孫之類，礦物即礦物之類。其中人類的各種機能組織特別靈敏，感情愛欲思考經驗特別發達，故為萬物之靈長、原始時代大概相安無事的，到了文明發達就創了禮教，有了禮教擬將教化使其反撲歸真、創了教條束縛其不致出規守其本分，卻成其反造成越規了，這禮教包括一切之法律、法律並非道之造化法律，故百密一漏之處在所難免，有的法律是保護帝王萬世千秋不被他人違背而設的，不一定對於人類自由思考有幫助，所以越嚴格越出規，所以古人

沒礼出有大偽、人類越文明越不守本份，欲望横飛要衝出自由，自由是万物之特權之性，因此犯了法律就被犯罪。罪是法沒有自性的，看所犯之輕重論處，或罰款或勞役或坐牢，期間届滿就無罪了。但犯了公約之法律或逃出法網不被發現，甚人必会悔而自責，誓不復犯，那麼此人的心意識就有洗滌潛意識的某程度，此人必定還会死後再生為人，若不知悔但心中還常感苦煩，死後一定墮地獄，若犯罪畏罪而逃不敢面对現実，心中恐懼怕人發見，这种心意識死後会墮於畜生道。若人欲望熾盛欲火冲冠，死後必定墮入餓鬼道。若人作善意欲求福報死後会生於天道。人心是不定性的，所以在六道中出沒沒有了時，因為它是凡夫不悟真理才会感受苦境。苦樂感受是三界中事，若果修行悟了道之本體，與道合一入我我入，成為乾坤一人的境界，向下觀此大道即是虛出殘的現像，都是大我的三昧遊戲吧了。能感受所感受的三界都是心，不但三界，十界亦是心。故三界唯心一心。魑魅魍魎邪精怪是山川木石等孕育天地之靈氣，然後變了動物之精液幻成，變了人之精液即能變為人形，變了猴之精液變猴，其他類推，這種怪物即是魔鬼，它不會因過失而懺悔，任意胡為，它的心是是一种執着意識，以其意而幻形，此名意成身。幻形有三條件，一是幽質，二是念朔材質，三是物質，比如說我們要畫圖，在紙上先想所要畫之物，這是幽質，未動筆時紙上先有其形了。其次提起鉛筆繪個形記稿，此即念朔材質，次取來彩色塗上，就變成立體之相，都可亂真了。

唷唖聾殘廢疾、痛魔纏縛自迷因、心生覚了生是佛、心佛未覚佛是生。文

人們自出生時或出生了後，罹了唷唖、或眼盲、或耳聾或殘廢疾病、都由前生所作的心識有関、过去世做了令人憤怒而被打了咽喉、或眼目、或殘廢、或致了病入膏肓而死、自己還不能懺悔、心中常存怨恨、这种潛意識帯來転生，其遺伝基因被其破壞，或在胎內或出生後会現其相。前生若能以般若來観照五蘊皆空、即可洗滌前愆甚至解縛証道、影生因迷於宇宙真理、執着人法故此也。人們的造惡業亦是心、心生執着而不自覚即迷沉苦海、若果了悟此心本來是佛性、心生迷境而能自覚了、心即回歸本來面目，那個時候迷的影生就是佛了。这心就是佛、因影生迷而

不覺故佛為度眾生，是迷悟之一念間，人們在該生心之起念間要反觀自照以免隨波着流。

罪福本空無自性，原來性空無所憑，我道一覺超生死，
慧光朗照病除根。"文

罪是違背公約的代價，福是善行的人間代價，這都是人我之間的現象界之法，在佛性之中都沒有此物，六道輪迴之中的諸心所法是人生舞台的法，人們只迷於舞台之法，未透視演戲之人，戲是假的演員是真的，任演什麼好惡角色、對於演員本身是毫不相關的、現像無論怎麼演變、其本來佛性是如如不動的，所以世間之罪福無自性，原來其性本空，沒有什麼法可憑依。戲劇中之盛衰生死貪富根本的佛性的演員都沒有一回事，法華經中的譬喻品有長者

子的寓意故事，有位長者之子本來是無量財富，因出去玩要被其他的孩子帶走，以致迷失不知回家，成為流浪兒，到了長大還不知其家，亦不認得其父母，父母還是思念，但迷兒漸漸了終於受傭於其家為奴，雙方都不知是父子關係，有一天來了一位和尚，是有神通的大德，對其父子說你原來是父子，那個時候當場互為相認，即時回復父子關係，子就可以繼承父親的財產了。未知之前其子還是貧窮的，知之後就成富家兒了。故喻迷沉生死苦海的眾生若能被了悟的大德指導，一覺大我之道就超生死迷境了。了生死是了解生死之法本來迷境，迷了情就是智慧，智慧之光朗照，即業力的幻化迷境就消失，病魔之根就根除了。

阿字門中本不生、吽開不二絕思陳、五蘊非真業非有、

能所俱泯絕主賓」文

阿字門即是涅槃体、是不生不滅的佛性本体、了知諸法自性本空沒有實体，眾生迷於人法、金剛般若經中說的四相、我相、人相、眾生相、壽者相、凡夫迷著以為實有，四相完全是戲論、佛陀教吾們要反觀內照，了知現象即是空，要將現象融入真理、我與道同空、我與法身佛入我我入成為不二的境界，這不二的境界是絕了思考的起沒、滅了言語念頭、灵明独耀之境界，所有的五蘊是假的，這五蘊聚團就是世間所云之灵魂，有這灵魂就要輪迴六趣了。有五蘊就有能思与所思的主賓對像、更識心所諸法而执着、能所主賓斷了，心如虛空、心如虛空故与道合一，即時回歸不生不滅的阿字門，不然的話、迷着於色声香味觸之法而認為真，救生起貪愛、瞋恚、愚痴等蓋佛性，把了生死苦樂感覺，諸法是戲論，佛性不是戲論，佛陀教我們不可認賊為父。

了知三世一切佛，應觀法界性一真，一念不生三三昧、我法二空佛印心。

應該知道三世一切的覺者是怎樣成佛的，要了知一個端的，在觀這法界森羅萬象是一真實的涅槃性所現，這是過去佛現在佛未來佛共同所修觀的方法，一念生万法現，一念若不生就是包括了無我、無相、無願三種三昧，這種三昧是心空，不是無知覺，是視之不見、聽之不聞的靈覺境界此乃一真法性當体之狀態，我執法执俱空，即是入我我入，佛心即我心，我心即佛心，達到這境界即入禪定，禪是体定是心不起、二即一、衆生即佛。釋迦拈花迦葉微笑印此端的。因為迦葉等五百羅漢，均是不發大心的外道思想意識潛在，故開了方便手指畢波羅花輾動，大衆均不知用意，但都啞然一念不生注視着，這端的當傳印佛性本來面目，可惜錯过機会，只有迦葉微笑表示領悟，自此別開一派的無字法門禅宗，見性了緣不能發大心都是獨善其身的自了漢。

菩薩金剛鐵眷屬、三緣無住起悲心、天龍八部隨心所、神通變化攝鬼神。（文）

羅漢在高山打蓋睡，菩薩落荒草，佛在世間不離世間覺、羅漢入定不管世事衆生死如在高山睡覺、定力到極限的時候就醒來、会起了念頭、就陸下來了。菩薩是了悟衆生本質即佛德、已知迷是苦海、覺悟即極樂、菩薩已徹底了悟了、它就不怕生死、留惑潤生、拯救沉沒海中的衆生、如人已知水性了、入於水中会游泳、苦海变成泳池、衆生是不知水性故会沉溺、菩薩入於衆生群中、猶如一支好花入於蔓草之中、鶴立鷄群、一支獨秀。佛世間、衆生世間、器世間、都是法界佛性所現、在世間覺悟道理了、就是佛、所以佛在世間並無離開世間。佛是世間衆生的覺悟者菩薩爲度衆生而開方便法門、但有頑固的衆生不受教訓、菩薩就起了忿怒相責罰、這就是金剛、這是大慈大悲的佛心所流露之心所、其体即佛、心王心所是佛之眷屬、這种大慈大悲的教化衆生之心所、是沒有能度所度及功勞的心無住生心、歸納起來菩薩金剛都是大悲毗盧遮那之心。

此心即佛心，要度天或鬼神就變化同其趣。如天要降雨露的話法界衆生就變天龍，要守護法界衆生就變八部神將，都是大日如來心所所流出的。祂的神通變化是莫測的，不但能度的菩薩金剛、連鬼神之類亦是毘盧遮那普門之一德、普門之多的總和即總持，入了總持即普門之德具備、這總持即是心。

無限色声我實相、文賢加持重重身，聽我法句認諦理、一轉彈指立歸真。文

心是宇宙心，心包太虛，太虛之中有無量基因德性、無量基因德性即普門、色即現前之法，声即法相之語、語即道之本体，有其声必有其物、有其物即有其色相，無限的基因德性、顯現無限不同法相，能認識之本体即佛性智德

、显现法相之理即理德、智法曰文殊、理德曰普贤，法界之森罗万象即此理智冥加之法，无量无边之理德及无量无边之智法，无论一草一木都是此物理智之冥加的总和，所以是基因法性之不同，显现之物或法都是各各完成其任务之相，若不如是万物即呈现法一色、一味、一相、都没有各各之使命标帜了。这无限无量的基因德性曰功德，这功德都藏于一心之如来藏中，凡夫不知故迷后天收入的尘法为真，将真而假合蕴，成为阿赖耶识，有此沉迷三界苦海了。人们若果睇了这道理而觉悟，即不执于尘立地成佛了。

附錄：《一真法句淺說》——悟光上師《證道歌》

【全文】

嗡乃曠劫獨稱真，六大毘盧即我身，時窮三際壽無量，體合乾坤唯一人。

虛空法界我獨步，森羅萬象造化根，宇宙性命元靈祖，光被十方無故新。

隱顯莫測神最妙，璿轉日月貫古今，貪瞋煩惱我密號，生殺威權我自興。

六道輪回戲三昧，三界匯納在一心，魑魅魍魎邪精怪，妄為執著意生身。

喑啞蒙聾殘廢疾，病魔纏縛自迷因，心生覺了生是佛，心佛未覺佛是生。

罪福本空無自性，原來性空無所憑，我道一覺超生死，慧光朗照病除根。

阿字門中本不生，吽開不二絕思陳，五蘊非真業非有，能所俱泯斷主賓。

了知三世一切佛，應觀法界性一真，一念不生三三昧，我法二空佛印心。

菩薩金剛我眷屬，三緣無住起悲心，天龍八部隨心所，神通變化攝鬼神。

無限色聲我實相，文賢加持重重身，聽我法句認諦理，一轉彈指立歸真。

【釋義】

唵乃曠劫獨稱真，六大毘盧即我身，時窮三際壽無量，體合乾坤唯一人。

唵又作唵，音讀唵，唵即皈命句，即是皈依命根大日如來的法報化三身之意，法身是體，報身是相，化身是用，法身的體是無形之體性，報身之相是無形之相，即功能或云功德聚，化身即體性中之功德所顯現之現象，現象是體性功德所現，其源即是法界體性，這體性亦名如來德性、佛性，如來即理體，佛即精神，理體之德用即精神，精神即智，根本理智是一綜合體，有體必有用。現象萬物是法界體性所幻出，所以現象即實在，當相即道。宇宙萬象無一能越此，此法性自曠劫以來獨一無二的真實，故云曠劫獨稱真。此體性的一中有六種不同的性質，有堅固性即地，地並非一味，其中還有無量無邊屬堅固性的原子，綜合其堅固性假名為地，是遍法界無所不至的，故云地大。其次屬於濕性的無量無邊德性名水大，屬於煖性的無量無邊德性名火大，屬於動性的無量無邊德性曰風大，屬於容納無礙性的曰空大。森羅萬象，一草一木，無論動物植物礦物完全具足此六大。此六大之總和相涉無礙的德性遍滿法界，名摩訶毘盧遮那，即是好像日光遍照宇宙一樣，翻謂大日如來。吾們的身體精神都是祂幻化出來，故云六大毘盧即我身，這毘盧即是道，道即是創造萬物的原理，當然萬物即是道體。道體是無始無終之靈體，沒有時間空間之分界，是沒有過去現在未來，沒有東西南北，故云時窮三際的無量壽命者，因祂是整個宇宙為身，一切萬物的新陳代謝為命，永遠在創造為祂的事業，祂是孤單的不死人，祂以無量時空為身，沒有與第二者同居，是個絕對孤單的老人，故曰體合乾坤唯一人。

虛空法界我獨步，森羅萬象造化根，宇宙性命元靈祖，光被十方無故新。

祂在這無量無邊的虛空中自由活動，我是祂的大我法身位，祂容有無量無邊的六大體性，祂有無量無邊的心王心所，祂有無量無邊的萬象種子，祂以蒔種，以各不同的種子與以滋潤，普照光明，使其現象所濃縮之種性與以展現成為不同的萬物，用祂擁有的六大為其物體，用祂擁有的睿智精神（生其物）令各不同的萬物自由生活，是祂的大慈大悲之力，祂是萬象的造化之根源，是宇宙性命的大元靈之祖，萬物生從何來？即從此來，死從何去？死即歸於彼處，祂的本身是光，萬物依此光而有，但此光是窮三際的無量壽光，這光常住而遍照十方，沒有新舊的差別。凡夫因執於時方，故有過去現在未來的三際，有東西南北上下的十方觀念，吾人若住於虛空中，即三際十方都沒有了。物質在新陳代謝中凡夫看來有新舊交替，這好像機械的水箱依其循環，進入來為新，排出去為舊，根本其水都沒有新舊可言。依代謝而有時空，有時空而有壽命長短的觀念，人們因有人法之執，故不能窺其全體，故迷於現象而常沉苦海無有出期。

隱顯莫測神最妙，璿轉日月貫古今，貪瞋煩惱我密號，生殺威權我自興。

毘盧遮那法身如來的作業名羯磨力，祂從其所有的種子注予生命力，使其各類各各需要的成分發揮變成各具的德性呈現各其本誓的形體及色彩、味道，將其遺傳基因寓於種子之中，使其繁衍子孫，這源動力還是元靈祖所賜。故在一期一定的過程後而隱沒，種子由代替前代而再出現，這種推動力完全是大我靈體之羯磨力，凡夫看來的確太神奇了、太微妙了。不但造化萬物，連太空中的日月星宿亦是祂的力量所支配而璿轉不休息，祂這樣施與大慈悲心造宇宙萬象沒有代價，真是父母心，吾們是祂的子孫，卻不能荷負祂的使命施與大慈悲心，迷途的眾生真是辜負祂老人家的本誓的大不孝之罪。祂的大慈悲心是大貪，眾生負祂的本誓，祂會生氣，這是祂的大瞋，但眾生還在不知不覺的行為中，如有怨嘆，祂都不理而致之，還是賜我們眾生好好地生活著，這是祂的大癡，這貪瞋癡是祂的心理、祂本有的德性，本來具有的、是祂的密號。祂在創造中不斷地成就眾生的成熟。如菓子初生的時只有發育，不到成熟不能食，故未成熟的菓子是苦澀的，到了長大時必須使其成熟故應與以殺氣才能成熟，有生就應有殺，加了殺氣之後成熟了，菓子就掉下來，以世間看來是死，故有生必有死，這種生殺的權柄是祂獨有，萬物皆然，是祂自然興起的，故云生殺威權我自興。祂恐怕其創造落空，不斷地動祂的腦筋使其創造不空成就，這些都是祂為眾生的煩惱。這煩惱還是祂老人家的本誓云密號，本有功德也。

六道輪回戲三昧，三界匯納在一心，魑魅魍魎邪精怪，妄為執著意生身。

大我體性的創造中有動物植物礦物，動物有人類，禽獸，水族，蟲類等具有感情性欲之類，植物乃草木具有繁愆子孫之類，礦物即礦物之類。其中人類的各種機能組織特別靈敏，感情愛欲思考經驗特別發達，故為萬物之靈長，原始時代大概相安無事的，到了文明發達就創了禮教，有了禮教擬將教化使其反璞歸真，創了教條束縛其不致出規守其本分，卻反造成越規了，這禮教包括一切之法律，法律並非道之造化法律，故百密一漏之處在所難免，有的法律是保護帝王萬世千秋不被他人違背而設的，不一定對於人類自由思考有幫助，所以越嚴格越出規，所以古人設禮出有大偽，人類越文明越不守本分，欲望橫飛要衝出自由，自由是萬物之特權之性，因此犯了法律就成犯罪。罪是法沒有自性的，看所犯之輕重論處，或罰款或勞役或坐牢，期間屆滿就無罪了。但犯了公約之法律或逃出法網不被發現，其人必會悔而自責，誓不復犯，那麼此人的心意識就有洗滌潛意識的某程度，此人必定還會死後再生為人，若不知懺悔但心中還常感苦煩，死後一定墮地獄，若犯罪畏罪而逃不敢面對現實，心中恐懼怕人發現，這種心意識死後會墮於畜生道。若人欲望熾盛欲火衝冠，死後必定墮入餓鬼道。若人作善意欲求福報死後會生於天道，人心是不定性的，所以在六道中出歿沒有了時，因為它是凡夫不悟真理才會感受苦境。苦樂感受是三界中事，若果修行悟了道之本體，與道合一入我我入，成為乾坤一人的境界，向下觀此大道即是虛出歿的現象，都是大我的三昧遊戲罷了，能感受所感受的三界都是心，不但三界，十界亦是心，故三界匯納在一心。魑魅魍魎邪精怪是山川木石等孕育天地之靈氣，然後受了動物之精液幻成，受了人之精液即能變為人形，受了猴之精液變猴，其他類推，這種怪物即是魔鬼，它不會因過失而懺悔，任意胡為，它的心是一種執著意識，以其意而幻形，此名意成身，幻形有三條件，一是幽質，二是念朔材質，三是物質，比如說我們要畫圖，在紙上先想所畫之物，這是幽質，未動筆時紙上先有其形了，其次提起鉛筆繪個形起稿，此即念朔材質，次取來彩色塗上，就變成立體之相，幾可亂真了。

喑啞蒙聾殘廢疾，病魔纏縛自迷因，心生覺了生是佛，心佛未覺佛是生。

人們自出生時或出生了後，罹了喑啞、或眼盲、或耳聾或殘廢疾病，都與前生所作的心識有關，過去世做了令人憤怒而被打了咽喉、或眼目、或殘廢、或致了病入膏肓而死，自己還不能懺悔，心中常存怨恨，這種潛意識帶來轉生，其遺傳基因被其破壞，或在胎內或出生後會現其相。前生若能以般若來觀照五蘊皆空，即可洗滌前愆甚至解縛證道，眾生因不解宇宙真理，執著人法故此也。人們的造惡業亦是心，心生執著而不自覺即迷沉苦海，若果了悟此心本來是佛性，心生迷境而能自覺了，心即回歸本來面目，那個時候迷的眾生就是佛了。這心就是佛，因眾生迷而不覺故佛亦變眾生，是迷悟之一念間，人們應該在心之起念間要反觀自照以免隨波著流。

罪福本空無自性，原來性空無所憑，我道一覺超生死，慧光朗照病除根。

罪是違背公約的代價，福是善行的人間代價，這都是人我之間的現象界之法，在佛性之中都沒有此物，六道輪迴之中的諸心所法是人生舞台的法，人們只迷於舞台之法，未透視演戲之人，戲是假的演員是真的，任你演什麼奸忠角色，對於演員本身是毫不相關的，現象無論怎麼演變，其本來佛性是如如不動的，所以世間之罪福無自性，原來其性本空，沒有什麼法可憑依。戲劇中之盛衰生死貧富根本與佛性的演員都沒有一回事。《法華經》中的〈譬喻品〉有長者子的寓意故事，有位長者之子本來是無量財富，因出去玩要被其他的孩子帶走，以致迷失不知回家，成為流浪兒，到了長大還不知其家，亦不認得其父母，父母還是思念，但迷兒流浪了終於受傭於其家為奴，雙方都不知是父子關係，有一天來了一位和尚，是有神通的大德，對其父子說你們原來是父子，那個時候當場互為相認，即時回復父子關係，子就可以繼承父親的財產了。未知之前其子還是貧窮的，了知之後就成富家兒了，故喻迷沉生死苦海的眾生若能被了悟的大德指導，一覺大我之道就超生死迷境了。了生死是瞭解生死之法本來迷境，這了悟就是智慧，智慧之光朗照，即業力的幻化迷境就消失，病魔之根就根除了。

阿字門中本不生，吽開不二絕思陳，五蘊非真業非有，能所俱泯斷主賓。

阿字門即是涅槃體，是不生不滅的佛性本體，了知諸法自性本空沒有實體，眾生迷於人法，《金剛般若經》中說的四相，我相、人相、眾生相、壽者相，凡夫迷著以為實有，四相完全是戲論，佛陀教吾們要反觀內照，了知現象即實在，要將現象融入真理，我與道同在，我與法身佛入我我入成為不二的境界，這不二的境界是絕了思考的起沒，滅了言語念頭，靈明獨耀之境界，所有的五蘊是假的，這五蘊堅固就是世間所云之靈魂，有這靈魂就要輪迴六趣了，有五蘊就有能思與所思的主賓關係，變成心所諸法而執著，能所主賓斷了，心如虛空，心如虛空故與道合一，即時回歸不生不滅的阿字門。不然的話，迷著於色聲香味觸之法而認為真，故生起貪愛、瞋恚、愚癡等眾蓋佛性，起了生死苦樂感受。諸法是戲論，佛性不是戲論，佛陀教吾們不可認賊為父。

了知三世一切佛，應觀法界性一真，一念不生三三昧，我法二空佛印心。

應該知道三世一切的覺者是怎樣成佛的。要了知一個端的應觀這法界森羅萬象是一真實的涅盤性所現，這是過去佛現在佛未來佛共同所修觀的方法，一念生萬法現，一念若不生就是包括了無我、無相、無願三種三昧，這種三昧是心空，不是無知覺，是視之不見、聽之不聞的靈覺境界，此乃一真法性當體之狀態，我執法執俱空即是入我我入，佛心即我心，我心即佛心，達到這境界即入禪定，禪是體，定是心不起，二而一，眾生成佛。釋迦拈花迦葉微笑即此端的，因為迦葉等五百羅漢，均是不發大心的外道思想意識潛在，故開了方便手拈畢波羅花輾動，大眾均不知用意，但都啞然一念不生注視著，這端的當體即佛性本來面目，可惜錯過機會，只有迦葉微笑表示領悟，自此別開一門的無字法門禪宗，見了性後不能發大心都是獨善其身的自了漢。

菩薩金剛我眷屬，三緣無住起悲心，天龍八部隨心所，神通變化攝鬼神。

羅漢在高山打蓋睡，菩薩落荒草，佛在世間不離世間覺，羅漢入定不管世事眾生宛如在高山睡覺，定力到極限的時候就醒來，會起了念頭，就墮下來了，菩薩是了悟眾生本質即佛德，已知迷是苦海，覺悟即極樂，菩薩已徹底了悟了，它就不怕生死，留惑潤生，拯救沉沒海中的眾生，如人已知水性了，入於水中會游泳，苦海變成泳池，眾生是不知水性故會沉溺，菩薩入於眾生群中，猶如一支好花入於蔓草之中，鶴立雞群，一支獨秀。佛世間、眾生世間、器世間，都是法界體性所現，在世間覺悟道理了，就是佛，所以佛在世間並無離開世間。佛是世間眾生的覺悟者，菩薩為度眾生而開方便法門，但有頑固的眾生不受教訓，菩薩就起了忿怒相責罰，這就是金剛，這是大慈大悲的佛心所流露之心所，其體即佛，心王心所是佛之眷屬，這種大慈大悲的教化眾生之心所，是沒有能度所度及功勞的心，無住生心，歸納起來菩薩金剛都是大悲毘盧遮那之心。此心即佛心，要度天或鬼神就變化同其趣。如天要降雨露均沾法界眾生就變天龍，要守護法界眾生就變八部神將，都是大日如來心所所流出的。祂的神通變化是莫測的，不但能度的菩薩金剛，連鬼神之類亦是毘盧遮那普門之一德，普門之多的總和即總持，入了總持即普門之德具備，這總持即是心。

無限色聲我實相，文賢加持重重身，聽我法句認諦理，一轉彈指立歸真。

心是宇宙心，心包太虛，太虛之中有無量基因德性，無量基因德性即普門，色即現前之法，聲即法相之語，語即道之本體，有其聲必有其物，有其物即有其色相，無限的基因德性，顯現無限不同法相，能認識之本體即佛性智德，顯現法相之理即理德，智德曰文殊，理德曰普賢，法界之森羅萬象即此理智冥加之德，無量無邊之理德及無量無邊之智德，無論一草一木都是此妙諦重重冥加的總和，只是基因德性之不同，顯現之物或法都是各各完成其任務之相。若不如是萬物即呈現清一色、一味、一相，都沒有各各之使命標幟了。這無限無量的基因德性曰功德，這功德都藏於一心之如來藏中，凡夫不知故認後天收入的塵法為真，將真與假合璧，成為阿賴耶識，自此沉迷三界苦海了，人們若果聽了這道理而覺悟，即不起於座立地成佛了。

—完—

密教史

作者

大 僧 正
哲學博士 釋悟光上師

編輯

玄覺

美術統籌

莫道文

美術設計

曾慶文

出版者

資本文化有限公司

地址：香港中環康樂廣場1號怡和大廈24樓2418室
電話：(852) 28507799
電郵：info@capital-culture.com
網址：www.capital-culture.com

承印者

資本財經印刷有限公司

出版日期

二〇一七年六月第一次印刷

版權所有　不准翻印
All rights reserved.
Copyright ©2017 Capital Culture Limited
ISBN 978-988-77263-2-6
Published in Hong Kong